CAKE & DESSERT RECEPTEN 2022

EEN SELECTIE VAN HEERLIJKE RECEPTEN EENVOUDIG TE MAKEN

MATTE VISSER

Inhoudsopgave

Aardbeienmousse Gâteau

Maakt een taart van 23 cm/9 inch

Voor de taart:

100 g / 4 oz / 1 kop zelfrijzend (zelfrijzend) meel

100 g/4 oz/½ kopje boter of margarine, verzacht

100 g/4 oz/½ kop (superfijne) suiker

2 eieren

Voor de mousse:

15 ml/1 el gelatinepoeder

30 ml/2 el water

450 g aardbeien

3 eieren, gescheiden

75 g/3 oz/1/3 kopje basterdsuiker (superfijne) suiker

5 ml/1 tl citroensap

300 ml/½ pt/1¼ kopjes dubbele (zware) room

30 ml/2 el geschaafde (geschaafde) amandelen, licht geroosterd

Klop de cake-ingrediënten tot een gladde massa. Schep in een ingevette en beklede cakevorm van 23 cm/9 en bak in een voorverwarmde oven op 190°C/375°F/gasstand 5 gedurende 25 minuten tot ze goudbruin en stevig aanvoelen. Haal uit de vorm en laat afkoelen.

Om de mousse te maken, strooi je de gelatine over het water in een kom en laat je het schuimig worden. Zet de kom in een pan met heet water en laat staan totdat deze is opgelost. Laat iets afkoelen. Pureer intussen 350 g/12 oz van de aardbeien en wrijf vervolgens door een zeef (zeef) om de pitten weg te gooien. Klop de eidooiers en suiker tot ze bleek en dik zijn en het mengsel druppelt in linten van de garde. Roer de puree, het citroensap en de gelatine erdoor. Klop de slagroom stijf en spatel dan de helft door het mengsel.

Klop met een schone garde en kom de eiwitten stijf en spatel ze door het mengsel.

Snijd de biscuit horizontaal doormidden en plaats de ene helft in de bodem van een schone cakevorm (pan) bekleed met huishoudfolie (plasticfolie). Snijd de resterende aardbeien in plakjes en verdeel ze over de biscuit, bedek ze met de gearomatiseerde room en als laatste de tweede laag cake. Druk heel voorzichtig naar beneden. Koel tot ingesteld.

Om te serveren, keert u de gâteau om op een serveerschaal en verwijdert u de vershoudfolie (plasticfolie). Garneer met de rest van de room en garneer met de amandelen.

Yule-logboek

Maakt een

3 eieren

100 g/4 oz/½ kop (superfijne) suiker

100 g / 4 oz / 1 kop gewone bloem (voor alle doeleinden)

50 g/2 oz/½ kopje pure (halfzoete) chocolade, geraspt

15 ml/1 el heet water

Caster (superfijne) suiker om te rollen

Voor het glazuur (glazuur):

175 g/6 oz/¾ kopje boter of margarine, verzacht

350 g/12 oz/2 kopjes poedersuiker (banketbakkers), gezeefd

30 ml/2 el warm water

30 ml/2 el cacaopoeder (ongezoete chocolade) Om te decoreren:

Hulstblaadjes en roodborstje (optioneel)

Klop de eieren en de suiker samen in een hittebestendige kom die op een pan met zacht kokend water staat. Blijf kloppen tot het mengsel stijf is en in linten van de garde valt. Haal van het vuur en klop tot het afgekoeld is. Spatel de helft van de bloem erdoor, dan de chocolade, dan de rest van de bloem en roer dan het water erdoor. Schep in een ingevette en beklede Swiss roll-vorm (jelly roll pan) en bak in een voorverwarmde oven op 220 °C/425 °F/gasstand 7 gedurende ongeveer 10 minuten tot hij stevig aanvoelt. Bestrooi een groot vel vetvrij (vet)papier met basterdsuiker. Keer de cake uit de vorm op het papier en snijd de randen bij. Bedek met een ander vel papier en rol losjes vanaf de korte kant op.

Roer voor het glazuur de boter of margarine en de poedersuiker door elkaar en klop het water en de cacao erdoor. Rol de koude cake uit, verwijder het papier en bestrijk de cake met de helft van

14

het glazuur. Rol het weer op, ijs met de resterende glazuur en
markeer het met een vork om eruit te zien als een blok. Zeef er wat
poedersuiker over en versier naar wens.

Pasen Bonnet Taart

Maakt een taart van 20 cm/8 inch

75 g/3 oz/1/3 kopje muscovadosuiker

3 eieren

75 g/3 oz/¾ kopje zelfrijzend bakmeel (zelfrijzend bakmeel)

15 ml/1 el cacaopoeder (ongezoete chocolade)

15 ml/1 el warm water

Voor de vulling:

50 g/2 oz/¼ kopje boter of margarine, verzacht

75 g/3 oz/½ kopje poedersuiker (banketbakkers), gezeefd

Voor de topping:

100 g/4 oz/1 kop pure (halfzoete) chocolade

25 g/2 el boter of margarine

Lint of suikerbloemen (optioneel)

Klop de suiker en de eieren samen in een hittebestendige kom die op een pan met zacht kokend water staat. Blijf kloppen tot het mengsel dik en romig is. Laat een paar minuten staan, haal dan van het vuur en klop opnieuw tot het mengsel een spoor achterlaat wanneer de garde wordt verwijderd. Spatel de bloem en cacao erdoor en roer het water erdoor. Schep het mengsel in een ingevette en met bakpapier beklede cakevorm (vorm) van 20 cm/8 en een ingevette en met bakpapier beklede cakevorm van 15 cm/8 inch. Bak in een voorverwarmde oven op 200°C/400°F/gasstand 6 gedurende 15-20 minuten tot ze goed gerezen en stevig aanvoelen. Laat afkoelen op een rooster.

Roer voor de vulling de margarine en de poedersuiker door elkaar. Gebruik om de kleinere cake op de grotere te plaatsen.

Smelt voor de topping de chocolade en boter of margarine in een hittebestendige kom die boven een pan met zacht kokend water staat. Schep de topping over de cake en verdeel het met een mes gedrenkt in heet water zodat het volledig bedekt is. Versier de rand met een lint of suikerbloemen.

Pasen Simnel Taart

Maakt een taart van 20 cm/8 inch

225 g/1 kop boter of margarine, verzacht

225 g/8 oz/1 kop zachte bruine suiker

Geraspte schil van 1 citroen

4 eieren, losgeklopt

225 g/8 oz/2 kopjes gewone bloem (voor alle doeleinden)

5 ml/1 tl bakpoeder

2,5 ml/½ tl geraspte nootmuskaat

50 g/2 oz/½ kopje maizena (maizena)

100 g sultanarozijnen (gouden rozijnen)

100 g/4 oz/2/3 kopje rozijnen

75 g/3 oz/½ kopje krenten

100 g/4 oz/½ kopje glacé (gekonfijte) kersen, gehakt

25 g/1 oz/¼ kopje gemalen amandelen

450 g/1 lb Amandelpasta

30 ml/2 el abrikozenjam (conserven)

1 eiwit, geklopt

Klop de boter of margarine, suiker en citroenschil tot een bleek en luchtig mengsel. Klop geleidelijk de eieren erdoor en spatel er dan de bloem, het bakpoeder, de nootmuskaat en de maizena door. Roer het fruit en de amandelen erdoor. Schep de helft van het mengsel in een ingevette en ingevette 20 cm/8 in diepe cakevorm (vorm). Rol de helft van de amandelspijs uit tot een cirkel ter grootte van de cake en leg deze op het mengsel. Vul met het resterende mengsel en bak in een voorverwarmde oven op 160°C/325°F/gasstand 3 gedurende 2–2½ uur tot ze goudbruin zijn. Laat afkoelen in de vorm. Als het afgekoeld is, draai je het om en wikkel je het in vetvrij (vet)papier. Bewaar in een luchtdichte verpakking maximaal drie weken om te rijpen.

Om de cake af te werken, bestrijk je de bovenkant met de jam. Rol driekwart van de resterende amandelspijs uit tot een cirkel van 20 cm/8 inch, werk de randen af en leg deze op de taart. Rol de resterende amandelspijs in 11 ballen (om de discipelen zonder Judas weer te geven). Bestrijk de bovenkant van de cake met losgeklopt eiwit en schik de balletjes rond de rand van de cake, bestrijk ze vervolgens met eiwit. Zet een minuut of wat onder een hete grill (grill) om het licht bruin te maken.

Twaalfde Nacht Taart

Maakt een taart van 20 cm/8 inch

225 g/1 kop boter of margarine, verzacht

225 g/8 oz/1 kop zachte bruine suiker

4 eieren, losgeklopt

225 g/8 oz/2 kopjes gewone bloem (voor alle doeleinden)

5 ml/1 tl gemalen gemengde (appeltaart) kruiden

175 g/6 oz/1 kop sultanarozijnen (gouden rozijnen)

100 g/4 oz/2/3 kopje rozijnen

75 g/3 oz/½ kopje krenten

50 g/2 oz/¼ kopje glacé (gekonfijte) kersen

50 g/2 oz/1/3 kop gehakte gemengde (gekonfijte) schil

30 ml/2 el melk

12 kaarsen om te versieren

Klop de boter of margarine en suiker tot een bleek en luchtig mengsel. Klop geleidelijk de eieren erdoor, spatel dan de bloem, de kruidenmix, het fruit en de schil erdoor en mix tot alles goed gemengd is, voeg zo nodig een beetje melk toe om een zacht mengsel te krijgen. Schep in een ingevette en met bakpapier beklede cakevorm van 20 cm/8 inch en bak in een voorverwarmde oven op 180°C/350°F/gasstand 4 gedurende 2 uur tot een in het midden gestoken spies er schoon uitkomt. Vertrekken

Magnetron Appeltaart

Maakt een vierkant van 23 cm/9 inch

100 g/4 oz/½ kopje boter of margarine, verzacht

100 g/4 oz/½ kopje zachte bruine suiker

30 ml/2 eetlepels gouden (lichte maïs) siroop

2 eieren, licht geklopt

225 g / 8 oz / 2 kopjes zelfrijzend (zelfrijzend) meel

10 ml/2 tl gemalen gemengde (appeltaart) kruiden

120 ml/4 fl oz/½ kopje melk

2 kook(taart)appels, geschild, klokhuis verwijderd en in dunne plakjes gesneden

15 ml/1 el (superfijne) basterdsuiker

5 ml/1 tl gemalen kaneel

Klop de boter of margarine, bruine suiker en siroop tot een bleek en luchtig mengsel. Klop er geleidelijk de eieren door. Spatel de bloem en de gemengde kruiden erdoor en roer de melk erdoor tot je een zachte consistentie hebt. Roer de appels erdoor. Schep in een ingevette en met bodem beklede 23 cm/9 in magnetron ringvorm (buispan) en magnetron op medium gedurende 12 minuten tot ze stevig zijn. Laat 5 minuten staan, keer dan om en bestrooi met de basterdsuiker en kaneel.

Magnetron Appelmoes Taart

Maakt een taart van 20 cm/8 inch

100 g/4 oz/½ kopje boter of margarine, verzacht

175 g/6 oz/¾ kopje zachte bruine suiker

1 ei, licht geklopt

175 g/6 oz/1½ kopjes bloem voor alle doeleinden

2,5 ml/½ tl bakpoeder

Een snufje zout

2,5 ml/½ tl gemalen piment

1,5 ml/¼ tl geraspte nootmuskaat

1,5 ml/¼ theelepel gemalen kruidnagel

300 ml/½ pt/1¼ kopjes ongezoete appelmoes (saus)

75 g/3 oz/½ kopje rozijnen

Poedersuiker (banketbakkers)suiker om te bestuiven

Klop de boter of mar-garine en bruine suiker luchtig en luchtig.
Klop geleidelijk het ei erdoor, roer dan de bloem, het bakpoeder,
het zout en de kruiden er afwisselend door met de appelmoes en
de rozijnen. Schep in een ingevette en met bloem bestoven
vierkante magnetronschaal van 20 cm/8 in en magnetron
gedurende 12 minuten op Hoog. Laat afkoelen in de schaal, snij in
vierkanten en bestuif met poedersuiker.

Magnetron Appel- en Walnotentaart

Maakt een taart van 20 cm/8 inch

175 g/6 oz/¾ kopje boter of margarine, verzacht

100 g/4 oz/½ kop (superfijne) suiker

3 eieren, licht geklopt

30 ml/2 eetlepels gouden (lichte maïs) siroop

Geraspte schil en sap van 1 citroen

175 g/6 oz/1½ kopjes zelfrijzend bakmeel

50 g/2 oz/½ kopje walnoten, gehakt

1 eet-(desert)appel, geschild, klokhuis verwijderd en in stukjes

100 g glazuur (banketbakkers)suiker

30 ml/2 el citroensap

15 ml/1 el water

Walnoothelften om te decoreren

Klop de boter of mar-garine en de basterdsuiker luchtig en luchtig. Voeg geleidelijk de eieren toe, daarna de siroop, de citroenschil en het sap. Spatel de bloem, de gehakte noten en de appel erdoor. Schep in een ingevette ronde magnetronschaal van 20 cm/8 en magnetron op Hoog gedurende 4 minuten. Haal uit de oven en dek af met folie. Laat afkoelen. Meng de poedersuiker met het citroensap en voldoende water tot een glad glazuur (frosting). Verdeel over de cake en versier met walnotenhelften.

Magnetron Worteltaart

Maakt een taart van 18 cm/7 inch

100 g/4 oz/½ kopje boter of margarine, verzacht

100 g/4 oz/½ kopje zachte bruine suiker

2 eieren, losgeklopt

Geraspte schil en sap van 1 sinaasappel

2,5 ml/½ tl gemalen kaneel

Een snufje geraspte nootmuskaat

100 g wortelen, geraspt

100 g / 4 oz / 1 kop zelfrijzend (zelfrijzend) meel

25 g/1 oz/¼ kopje gemalen amandelen

25 g/1 oz/2 eetlepels (superfijne) basterdsuiker

Voor de topping:

100 g/4 oz/½ kopje roomkaas

50 g/2 oz/1/3 kop glazuur (banketbakkers) suiker, gezeefd

30 ml/2 el citroensap

Klop de boter en de suiker luchtig en luchtig. Klop geleidelijk de eieren erdoor, roer dan het sinaasappelsap en de schil, de kruiden en de wortelen erdoor. Spatel de bloem, amandelen en suiker erdoor. Schep in een ingevette en beklede cakevorm van 18 cm/7 en dek af met huishoudfolie (plasticfolie). Magnetron op Hoog gedurende 8 minuten totdat een in het midden gestoken spies er schoon uitkomt. Verwijder de vershoudfolie en laat 8 minuten staan voordat u deze op een rooster legt om af te koelen. Klop de ingrediënten voor de topping door elkaar en verdeel over de afgekoelde cake.

Magnetron Wortel-, Ananas- en Notencake

Maakt een taart van 20 cm/8 inch

225 g/8 oz/1 kop (superfijne) suiker

2 eieren

120 ml/4 fl oz/½ kopje olie

1,5 ml/¼ tl zout

5 ml/1 tl bicarbonaat (baking soda)

100 g / 4 oz / 1 kop zelfrijzend (zelfrijzend) meel

5 ml/1 tl gemalen kaneel

175 g/6 oz wortelen, geraspt

75 g/3 oz/¾ kopje walnoten, gehakt

225 g geplette ananas met sap

Voor het glazuur (glazuur):

15 g/1 el boter of margarine

50 g/2 oz/¼ kopje roomkaas

10 ml/2 tl citroensap

Poedersuiker (banketbakkers)suiker, gezeefd

Bekleed een grote ringvorm (buisvorm) met bakpapier. Roer de suiker, eieren en olie door elkaar. Roer voorzichtig de droge ingrediënten erdoor tot alles goed gemengd is. Roer de overige cake-ingrediënten erdoor. Giet het mengsel in de voorbereide vorm, zet het op een rooster of een omgekeerd bord en zet het 13 minuten in de magnetron op Hoog of tot het net hard is geworden. Laat 5 minuten staan en stort daarna op een rooster om af te koelen.

Maak ondertussen het glazuur. Doe de boter of margarine, roomkaas en citroensap in een kom en zet de magnetron 30-40 seconden op Hoog. Klop er geleidelijk genoeg poedersuiker door om een dikke consistentie te krijgen en klop tot het luchtig is. Als de cake afgekoeld is, verdeel je deze over het glazuur.

Gekruide zemelencakes uit de magnetron

Maakt 15

75 g/3 oz/¾ kop Alle zemelen granen

250 ml/8 fl oz/1 kop melk

175 g/6 oz/1½ kopjes bloem voor alle doeleinden

75 g/3 oz/1/3 kopje basterdsuiker (superfijne) suiker

10 ml/2 tl bakpoeder

10 ml/2 tl gemalen gemengde (appeltaart) kruiden

Een snufje zout

60 ml/4 eetlepels gouden (lichte maïs) siroop

45 ml/3 el olie

1 ei, licht geklopt

75 g/3 oz/½ kopje rozijnen

15 ml/1 el geraspte sinaasappelschil

Week de ontbijtgranen 10 minuten in de melk. Meng het meel, de suiker, het bakpoeder, de kruidenmix en het zout en meng dit vervolgens door de ontbijtgranen. Roer de siroop, olie, ei, rozijnen en sinaasappelschil erdoor. Schep in papieren vormpjes (cupcakepapier) en magnetron vijf cakes tegelijk op High gedurende 4 minuten. Herhaal dit voor de overige taarten.

Magnetron Banaan en Passievrucht Cheesecake

Maakt een taart van 23 cm/9 inch

100 g/4 oz/½ kopje boter of margarine, gesmolten

175 g/6 oz/1½ kopjes gemberkoekjes (koekjes) kruimels

250 g/9 oz/royaal 1 kop roomkaas

175 ml/6 fl oz/¾ kopje zure (zuivelzure) room

2 eieren, licht geklopt

100 g/4 oz/½ kop (superfijne) suiker

Geraspte schil en sap van 1 citroen

150 ml/¼ pt/2/3 kop slagroom

1 banaan, in plakjes

1 passievrucht, gehakt

Meng de boter of margarine en de koekkruimels en druk in de bodem en zijkanten van een 23 cm/9 in magnetron vlaaivorm. Magnetron op Hoog gedurende 1 minuut. Laat afkoelen.

Klop de roomkaas en zure room tot een gladde massa, klop dan het ei, de suiker en het citroensap en de korst erdoor. Schep in de bodem en verdeel gelijkmatig. Kook op medium gedurende 8 minuten. Laat afkoelen.

Klop de slagroom stijf en verdeel over de vorm. Bedek met plakjes banaan en schep het vruchtvlees van de passievrucht erover.

In de magnetron gebakken sinaasappel cheesecake

Maakt een taart van 20 cm/8 inch

50 g/2 oz/¼ kopje boter of margarine

12 digestieve koekjes (Graham crackers), geplet

100 g/4 oz/½ kop (superfijne) suiker

225 g/8 oz/1 kop roomkaas

2 eieren

30 ml/2 el geconcentreerd sinaasappelsap

15 ml/1 el citroensap

150 ml/¼ pt/2/3 kopje zure (zuivelzure) room

Een snufje zout

1 sinaasappel

30 ml/2 el abrikozenjam (conserven)

150 ml/¼ pt/2/3 kopje dubbele (zware) room

Smelt de boter of margarine in een 20 cm/8 in microgolfovenschaal op High gedurende 1 minuut. Roer de koekkruimels en 25 g/2 eetlepels suiker erdoor en druk op de bodem en zijkanten van de schaal. Klop de kaas romig met de resterende suiker en de eieren, roer er dan het sinaasappel- en citroensap, de zure room en het zout door. Lepel in de schaal (schaal) en magnetron gedurende 2 minuten op Hoog. Laat 2 minuten staan en magnetron vervolgens nog 2 minuten op Hoog. Laat 1 minuut staan en zet vervolgens 1 minuut in de magnetron op Hoog. Laat afkoelen.

Schil de sinaasappel en verwijder met een scherp mes de partjes van het membraan. Smelt de jam en bestrijk hiermee de bovenkant

van de cheesecake. Klop de room stijf en spuit langs de rand van
de cheesecake, decoreer met de sinaasappelpartjes.

Magnetron Ananas Cheesecake

Maakt een taart van 23 cm/9 inch

100 g/4 oz/½ kopje boter of margarine, gesmolten

175 g/6 oz/1½ kopjes spijsverteringskoekje (Graham cracker) kruimels

250 g/9 oz/royaal 1 kop roomkaas

2 eieren, licht geklopt

5 ml/1 tl geraspte citroenschil

30 ml/2 el citroensap

75 g/3 oz/1/3 kopje basterdsuiker (superfijne) suiker

400 g/14 oz/1 groot blik ananas, uitgelekt en geplet

150 ml/¼ pt/2/3 kopje dubbele (zware) room

Meng de boter of margarine en de koekkruimels en druk in de
bodem en zijkanten van een 23 cm/9 in magnetron vlaaivorm.
Magnetron op Hoog gedurende 1 minuut. Laat afkoelen.

**Klop de roomkaas, eieren, citroenschil en sap en suiker tot een glad mengsel.
Roer de ananas erdoor en schep in de bodem. Magnetron op medium
gedurende 6 minuten tot stevig. Laat afkoelen.**

Klop de slagroom stijf en leg deze op de cheesecake.

Magnetron Kersen- en Notenbrood

Voor één brood van 900 g/2 lb

175 g/6 oz/¾ kopje boter of margarine, verzacht

175 g/6 oz/¾ kopje zachte bruine suiker

3 eieren, losgeklopt

225 g/8 oz/2 kopjes gewone bloem (voor alle doeleinden)

10 ml/2 tl bakpoeder

Een snufje zout

45 ml/3 el melk

75 g/3 oz/1/3 kop glacé (gekonfijte) kersen

75 g/3 oz/¾ kop gehakte gemengde noten

25 g/1 oz/3 eetlepels poedersuiker (banketbakkers), gezeefd

Klop de boter of mar-garine en bruine suiker luchtig en luchtig. Klop geleidelijk de eieren erdoor en spatel dan de bloem, het bakpoeder en het zout erdoor. Roer er genoeg van de melk door om een zachte consistentie te krijgen en roer dan de kersen en noten erdoor. Schep in een ingevette en beklede ovenschaal van 900 g / 2 lb en bestrooi met de suiker. Magnetron op Hoog gedurende 7 minuten. Laat 5 minuten staan en stort dan op een rooster om af te koelen.

Magnetron Chocoladetaart

Maakt een taart van 18 cm/7 inch

225 g/1 kop boter of margarine, verzacht

175 g/6 oz/¾ cup (superfijne) suiker

150 g/5 oz/1¼ kopjes zelfrijzend bakmeel

50 g/2 oz/¼ kopje cacaopoeder (ongezoete chocolade)

5 ml/1 tl bakpoeder

3 eieren, losgeklopt

45 ml/3 el melk

Meng alle ingrediënten en schep in een ingevette en beklede magnetronschaal van 18 cm/7. Magnetron op Hoog gedurende 9 minuten tot het net stevig aanvoelt. Laat 5 minuten in de vorm afkoelen en stort daarna op een rooster om af te koelen.

Magnetron Chocolade Amandeltaart

Maakt een taart van 20 cm/8 inch

Voor de taart:

100 g/4 oz/½ kopje boter of margarine, verzacht

100 g/4 oz/½ kop (superfijne) suiker

2 eieren, licht geklopt

100 g / 4 oz / 1 kop zelfrijzend (zelfrijzend) meel

50 g/2 oz/½ kopje cacaopoeder (ongezoete chocolade)

50 g/2 oz/½ kopje gemalen amandelen

150 ml/¼ pt/2/3 kopje melk

60 ml/4 eetlepels gouden (lichte maïs) siroop

Voor het glazuur (glazuur):

100 g/4 oz/1 kop pure (halfzoete) chocolade

25 g/2 el boter of margarine

8 hele amandelen

Klop voor de cake de boter of mar-garine en suiker luchtig en luchtig. Klop geleidelijk de eieren erdoor, spatel dan de bloem en cacao erdoor, gevolgd door de gemalen amandelen. Roer de melk en de siroop erdoor en klop tot het licht en zacht is. Schep in een magnetronschaal van 20 cm/8 inch bekleed met huishoudfolie (plasticfolie) en magnetron gedurende 4 minuten op Hoog. Haal uit de oven, bedek de bovenkant met folie en laat iets afkoelen, stort dan op een rooster om af te koelen.

Smelt de chocolade en boter of margarine op High gedurende 2 minuten om het glazuur te maken. Klop goed. Dip de amandelen voor de helft in de chocolade en laat ze op een stuk vetvrij (vetvrij) papier stollen. Giet het resterende glazuur over de cake en verdeel over de bovenkant en langs de zijkanten. Garneer met de amandelen en laat opstijven.

Magnetron dubbele chocolade brownies

Maakt 8

150 g/5 oz/1¼ kopjes pure (halfzoete) chocolade, grof gehakt

75 g/3 oz/1/3 kop boter of margarine

175 g/6 oz/¾ kopje zachte bruine suiker

2 eieren, licht geklopt

150 g/5 oz/1¼ kopjes gewone bloem (voor alle doeleinden)

2,5 ml/½ tl bakpoeder

2,5 ml/½ tl vanille-essence (extract)

30 ml/2 el melk

Smelt 50 g/2 oz/½ kopje chocolade met de boter of margarine op High gedurende 2 minuten. Klop de suiker en de eieren erdoor en roer de bloem, bakpoeder, vanille-essence en melk erdoor tot een gladde massa. Schep in een ingevette vierkante magnetronschaal van 20 cm/8 in en magnetron gedurende 7 minuten op Hoog. Laat 10 minuten in de schaal afkoelen. Smelt de resterende chocolade 1 minuut op High, verdeel het dan over de bovenkant van de cake en laat afkoelen. Snijd in vierkanten.

Magnetron Chocolade Dadel Repen

Maakt 8

50 g/2 oz/1/3 kop ontpitte (ontpitte) dadels, gehakt

60 ml/4 eetlepels kokend water

65 g/2½ oz/1/3 kop boter of margarine, verzacht

225 g/8 oz/1 kop (superfijne) suiker

1 ei

100 g / 4 oz / 1 kop gewone bloem (voor alle doeleinden)

10 ml/2 tl cacaopoeder (ongezoete chocolade)

2,5 ml/½ tl bakpoeder

Een snufje zout

25 g/1 oz/¼ kop gehakte gemengde noten

100 g / 1 kop pure (halfzoete) chocolade, fijngehakt

Meng de dadels met het kokende water en laat afkoelen. Klop de boter of margarine met de helft van de suiker luchtig en luchtig. Werk geleidelijk het ei erdoor en spatel er dan afwisselend de bloem, cacao, bakpoeder en zout en het dadelmengsel door. Schep in een ingevette en met bloem bestoven vierkante magnetronschaal van 20 cm/8 in. Meng de resterende suiker met de noten en chocolade en strooi over de bovenkant, licht aandrukken. Magnetron op High gedurende 8 minuten. Laat afkoelen in de schaal alvorens in vierkanten te snijden.

Magnetron Chocolade Vierkantjes

Maakt 16

Voor de taart:

50 g/2 oz/¼ kopje boter of margarine

5 ml/1 tl (superfijne) basterdsuiker

75 g/3 oz/¾ kopje gewone bloem (voor alle doeleinden)

1 eigeel

15 ml/1 el water

175 g/6 oz/1½ kopjes pure (halfzoete) chocolade, geraspt of fijngehakt

Voor de topping:

50 g /2 oz/¼ kopje boter of margarine

50 g/2 oz/¼ kopje (superfijne) suiker

1 ei

2,5 ml/½ tl vanille-essence (extract)

100 g / 4 oz / 1 kop walnoten, gehakt

Maak voor de cake de boter of margarine zacht en verwerk de suiker, bloem, eidooier en water erdoor. Verdeel het mengsel gelijkmatig in een vierkante magnetronschaal van 20 cm/8 in en magnetron gedurende 2 minuten op Hoog. Strooi de chocolade erover en zet de magnetron 1 minuut op High. Verdeel gelijkmatig over de bodem en laat staan totdat het hard is geworden.

Om de topping te maken, zet u de boter of margarine 30 seconden op Hoog in de magnetron. Roer de overige ingrediënten voor de topping erdoor en verdeel over de chocolade. Magnetron op High gedurende 5 minuten. Laat afkoelen en snij in vierkanten.

Magnetron Quick Coffee Cake

Maakt een taart van 19 cm/7 inch

Voor de taart:

225 g/1 kop boter of margarine, verzacht

225 g/8 oz/1 kop (superfijne) suiker

225 g / 8 oz / 2 kopjes zelfrijzend (zelfrijzend) meel

5 eieren

45 ml/3 el koffie-essence (extract)

Voor het glazuur (glazuur):

30 ml/2 el koffie-essence (extract)

175 g/6 oz/¾ kopje boter of margarine

Poedersuiker (banketbakkers)suiker, gezeefd

Walnoothelften om te decoreren

Mix alle ingrediënten voor de cake tot alles goed gemengd is. Verdeeld over twee cakevormpjes van 19 cm/7 in microgolfoven en kook ze elk 5-6 minuten op de hoogste stand. Haal uit de magnetron en laat afkoelen.

Meng de glazuuringrediënten en zoet naar smaak met poedersuiker. Als ze zijn afgekoeld, sandwich de cakes samen met de helft van het glazuur en verdeel de rest erover. Versier met walnotenhelften.

Magnetron Kersttaart

Maakt een taart van 23 cm/9 inch

150 g boter of margarine, verzacht

150 g/5 oz/2/3 kop zachte bruine suiker

3 eieren

30 ml/2 el zwarte stroop (melasse)

225 g / 8 oz / 2 kopjes zelfrijzend (zelfrijzend) meel

10 ml/2 tl gemalen gemengde (appeltaart) kruiden

2. 5 ml/½ tl geraspte nootmuskaat

2,5 ml/½ tl bicarbonaat (baking soda)

450 g/1 lb/22/3 kopjes gemengd gedroogd fruit (fruitcakemix)

50 g/2 oz/¼ kopje glacé (gekonfijte) kersen

50 g/2 oz/1/3 kop gehakte gemengde schil

50 g/2 oz/½ kop gehakte gemengde noten

30 ml/2 el cognac

Extra cognac om de cake te laten rijpen (optioneel)

Klop de boter of margarine en suiker luchtig en luchtig. Klop geleidelijk de eieren en de stroop erdoor, spatel er dan de bloem, kruiden en natriumbicarbonaat door. Roer voorzichtig het fruit, de gemengde schil en de noten erdoor en roer de cognac erdoor. Schep in een met bodem beklede magnetronschaal van 23 cm/9 en magnetron op Low gedurende 45-60 minuten. Laat 15 minuten in de schaal afkoelen voordat je het op een rooster legt om af te koelen.

Als de cake afgekoeld is, wikkel je hem in folie en bewaar je hem 2 weken op een koele, donkere plaats. Prik desgewenst meerdere keren in de bovenkant van de cake met een dunne spies en strooi er wat extra cognac over, verpak de cake dan opnieuw en bewaar hem. Je kunt dit meerdere keren doen om een rijkere cake te maken.

Magnetron Kruimeltaart

Maakt een taart van 20 cm/8 inch

300 g/10 oz/1¼ kopjes (superfijne) basterdsuiker

225 g/8 oz/2 kopjes gewone bloem (voor alle doeleinden)

10 ml/2 tl bakpoeder

5 ml/1 tl gemalen kaneel

100 g/4 oz/½ kopje boter of margarine, verzacht

2 eieren, licht geklopt

100 ml/3½ fl oz/6½ eetlepel melk

Meng de suiker, bloem, bakpoeder en kaneel door elkaar. Werk de boter of margarine erdoor en houd een kwart van het mengsel apart. Meng de eieren en melk door elkaar en klop door de grotere portie cakemix. Schep het mengsel in een ingevette en met bloem bestoven magnetronschaal van 20 cm/8 en bestrooi met het achtergehouden kruimelmengsel. Magnetron op Hoog gedurende 10 minuten. Laat afkoelen in de schaal.

Magnetron Datum Bars

Maakt 12

150 g/5 oz/1¼ kopjes zelfrijzend bakmeel

175 g/6 oz/¾ cup (superfijne) suiker

100 g / 4 oz / 1 kop gedroogde (versnipperde) kokosnoot

100 g/2/3 kopjes ontpitte (ontpitte) dadels, gehakt

50 g/2 oz/½ kop gehakte gemengde noten

100 g/4 oz/½ kopje boter of margarine, gesmolten

1 ei, licht geklopt

Poedersuiker (banketbakkers)suiker om te bestuiven

Meng de droge ingrediënten door elkaar. Roer de boter of margarine en het ei erdoor en mix tot een stevig deeg. Druk op de bodem van een vierkante magnetronschaal van 20 cm/8 inch en magnetron op medium gedurende 8 minuten tot het net stevig is. Laat 10 minuten in de schaal staan, snijd ze in repen en stort ze op een rooster om af te koelen.

Magnetron Vijgenbrood

Maakt één brood van 675 g/1½ lb

100 g/4 oz/2 kopjes zemelen

50 g/2 oz/¼ kopje zachte bruine suiker

45 ml/3 el heldere honing

100 g / 4 oz / 2/3 kopje gedroogde vijgen, gehakt

50 g/2 oz/½ kopje hazelnoten, gehakt

300 ml/½ pt/1¼ kopjes melk

100 g / 4 oz / 1 kop volkoren (volkoren) meel

10 ml/2 tl bakpoeder

Een snufje zout

Mix alle ingrediënten tot een stevig deeg. Vorm tot een magnetronbroodvorm en egaliseer het oppervlak. Kook op High gedurende 7 minuten. Laat 10 minuten in de vorm afkoelen en stort daarna op een rooster om af te koelen.

Magnetron Flapjacks

Maakt 24

175 g/6 oz/¾ kopje boter of margarine, verzacht

50 g/2 oz/¼ kopje (superfijne) suiker

50 g/2 oz/¼ kopje zachte bruine suiker

90 ml/6 eetlepels gouden (lichte maïs) siroop

Een snufje zout

275 g/10 oz/2½ kopjes havermout

Meng de boter of margarine en de suikers in een grote kom en kook op High gedurende 1 minuut. Voeg de overige ingrediënten toe en roer goed door. Schep het mengsel in een ingevette 18 cm/7 in magnetronschaal en druk licht aan. Kook op High gedurende 5 minuten. Laat iets afkoelen en snij dan in vierkanten.

Magnetron Fruitcake

Maakt een taart van 18 cm/7 inch

175 g/6 oz/¾ kopje boter of margarine, verzacht

175 g/6 oz/¾ cup (superfijne) suiker

Geraspte schil van 1 citroen

3 eieren, losgeklopt

225 g/8 oz/2 kopjes gewone bloem (voor alle doeleinden)

5 ml/1 tl gemalen gemengde (appeltaart) kruiden

225 g/11/3 kopjes rozijnen

225 g / 8 oz / 11/3 kopjes sultanarozijnen (gouden rozijnen)

50 g/2 oz/¼ kopje glacé (gekonfijte) kersen

50 g/2 oz/½ kop gehakte gemengde noten

15 ml/1 el gouden (lichte maïs) siroop

45 ml/3 el cognac

Klop de boter of mar-garine en suiker luchtig en luchtig. Meng de citroenschil erdoor en klop er geleidelijk de eieren door. Spatel de bloem en de gemengde kruiden erdoor en meng de overige ingrediënten erdoor. Schep in een ingevette en met bakpapier beklede ronde magnetronschaal van 18 cm/7 en magnetron op Low gedurende 35 minuten tot een in het midden gestoken spies er schoon uitkomt. Laat 10 minuten in de vorm afkoelen en stort daarna op een rooster om af te koelen.

Microgolffruit- en kokosvierkanten

Maakt 8

50 g/2 oz/¼ kopje boter of margarine

9 digestieve koekjes (Graham crackers), geplet

50 g/2 oz/½ kopje gedroogde (versnipperde) kokosnoot

100 g / 4 oz / 2/3 kop gehakte gemengde (gekonfijte) schil

50 g/2 oz/1/3 kop ontpitte (ontpitte) dadels, gehakt

15 ml/1 el bloem (voor alle doeleinden)

25 g/2 el geglaceerde (gekonfijte) kersen, gehakt

100 g / 4 oz / 1 kop walnoten, gehakt

150 ml/¼ pt/2/3 kopje gecondenseerde melk

Smelt de boter of margarine in een vierkante magnetronschaal van 20 cm/8 inch op High gedurende 40 seconden. Roer de koekkruimels erdoor en verdeel gelijkmatig over de bodem van de schaal. Bestrooi met de kokos en vervolgens met de gemengde schil. Meng de dadels met het meel, de kersen en de noten en bestrooi ze met de melk. Magnetron op High gedurende 8 minuten. Laat afkoelen in de schaal en snij in vierkanten.

Magnetron Fudge Cake

Maakt een taart van 20 cm/8 inch

150 g/5 oz/1¼ kopjes gewone bloem (voor alle doeleinden)

5 ml/1 tl bakpoeder

Een snufje natriumbicarbonaat (baking soda)

Een snufje zout

300 g/10 oz/1¼ kopjes (superfijne) basterdsuiker

50 g/2 oz/¼ kopje boter of margarine, verzacht

250 ml/8 fl oz/1 kop melk

Een paar druppels vanille-essence (extract)

1 ei

100 g / 4 oz / 1 kop pure (halfzoete) chocolade, gehakt

50 g /2 oz/½ kop gehakte gemengde noten

Chocolade boter glazuur

Meng de bloem, bakpoeder, baksoda en zout door elkaar. Roer de
suiker erdoor en klop de boter of margarine, melk en vanille-
essence erdoor tot een gladde massa. Klop het ei erdoor.
Magnetron driekwart van de chocolade op High gedurende 2
minuten tot het gesmolten is en klop het dan door het
cakemengsel tot het romig is. Roer de noten erdoor. Schep het
mengsel in twee ingevette en met bloem bestoven
magnetronschalen van 20 cm/8 en magnetron elk afzonderlijk
gedurende 8 minuten. Haal uit de oven, dek af met folie en laat 10
minuten afkoelen, stort dan op een rooster om af te koelen.
Sandwich samen met de helft van de botersuikerglazuur (glazuur),
verdeel de resterende glazuur erover en decoreer met de
achtergehouden chocolade.

Magnetron Peperkoek

Maakt een taart van 20 cm/8 inch

50 g/2 oz/¼ kopje boter of margarine

75 g/3 oz/¼ kopje zwarte stroop (melasse)

15 ml/1 el (superfijne) basterdsuiker

100 g / 4 oz / 1 kop gewone bloem (voor alle doeleinden)

5 ml/1 tl gemberpoeder

2,5 ml/½ tl gemalen gemengde (appeltaart) kruiden

2,5 ml/½ tl bicarbonaat (baking soda)

1 ei, losgeklopt

Doe de boter of margarine in een kom en zet de magnetron 30 seconden op Hoog. Roer de stroop en suiker erdoor en magnetron op Hoog gedurende 1 minuut. Roer de bloem, kruiden en natriumbicarbonaat erdoor. Klop het ei erdoor. Schep het mengsel in een ingevette 1,5 liter/2½ pint/6 kopjes schaal en magnetron op Hoog gedurende 4 minuten. Laat 5 minuten in de schaal afkoelen en stort daarna op een rooster om af te koelen.

Magnetron Gemberrepen

Maakt 12

Voor de taart:

150 g boter of margarine, verzacht

50 g/2 oz/¼ kopje (superfijne) suiker

100 g / 4 oz / 1 kop gewone bloem (voor alle doeleinden)

2,5 ml/½ tl bakpoeder

5 ml/1 tl gemberpoeder

Voor de topping:

15 g/1 el boter of margarine

15 ml/1 el gouden (lichte maïs) siroop

Een paar druppels vanille-essence (extract)

5 ml/1 tl gemberpoeder

50 g/2 oz/1/3 kopje poedersuiker (banketbakkers)

Klop voor de cake de boter of mar-garine en suiker luchtig en luchtig. Roer de bloem, bakpoeder en gember erdoor en mix tot een glad deeg. Druk in een vierkante magnetronschaal van 20 cm/8 inch en magnetron op medium gedurende 6 minuten tot ze net stevig zijn.

Smelt voor de topping de boter of margarine en de siroop. Roer de vanille-essence, gember en poedersuiker erdoor en klop tot het dik is. Verdeel gelijkmatig over de warme cake. Laat afkoelen in de schaal en snijd in repen of vierkanten.

Magnetron Gouden Cake

Maakt een taart van 20 cm/8 inch

Voor de taart:

100 g/4 oz/½ kopje boter of margarine, verzacht

100 g/4 oz/½ kop (superfijne) suiker

2 eieren, licht geklopt

Een paar druppels vanille-essence (extract)

225 g/8 oz/2 kopjes gewone bloem (voor alle doeleinden)

10 ml/2 tl bakpoeder

Een snufje zout

60 ml/4 eetlepels melk

Voor het glazuur (glazuur):

50 g/2 oz/¼ kopje boter of margarine, verzacht

100 g glazuur (banketbakkers)suiker

Een paar druppels vanille-essence (extract) (optioneel)

Klop voor de cake de boter of margarine en suiker luchtig en
luchtig. Klop geleidelijk de eieren erdoor en spatel dan de bloem,
het bakpoeder en het zout erdoor. Roer er genoeg van de melk
door om een zachte, druppelende consistentie te krijgen. Schep in
twee ingevette en met bloem bestoven magnetronschalen van 20
cm/8 en bak elke cake afzonderlijk gedurende 6 minuten op High.
Haal uit de oven, dek af met folie en laat 5 minuten afkoelen, stort
dan op een rooster om af te koelen.

Om het glazuur te maken, klop je de boter of margarine tot ze
zacht zijn en klop je de poedersuiker en de vanille-essence erdoor,
indien gewenst. Sandwich de cakes samen met de helft van het
glazuur en verdeel de rest erover.

Magnetron Honing- en Hazelnootcake

Maakt een taart van 18 cm/7 inch

150 g boter of margarine, verzacht

100 g/4 oz/½ kopje zachte bruine suiker

45 ml/3 el heldere honing

3 eieren, losgeklopt

225 g / 8 oz / 2 kopjes zelfrijzend (zelfrijzend) meel

100 g / 4 oz / 1 kop gemalen hazelnoten

45 ml/3 el melk

Boterglazuur

Klop de boter of margarine, suiker en honing luchtig en luchtig. Klop geleidelijk de eieren erdoor, spatel dan de bloem en hazelnoten en voldoende melk erdoor om een zachte consistentie te krijgen. Schep in een magnetronschaal van 18 cm/7 en kook op Medium gedurende 7 minuten. Laat 5 minuten in de vorm afkoelen en stort daarna op een rooster om af te koelen. Snijd de cake horizontaal doormidden en sandwich samen met boterglazuur (glazuur).

Magnetron Chewy Muesli Bars

Maakt ongeveer 10

100 g/4 oz/½ kopje boter of margarine

175 g/6 oz/½ kopje heldere honing

50 g/2 oz/1/3 kop kant-en-klare gedroogde abrikozen, gehakt

50 g/2 oz/1/3 kop ontpitte (ontpitte) dadels, gehakt

75 g/3 oz/¾ kop gehakte gemengde noten

100 g/4 oz/1 kop gerolde haver

100 g/4 oz/½ kopje zachte bruine suiker

1 ei, losgeklopt

25 g/1 oz/2 eetlepels zelfrijzend bakmeel

Doe de boter of margarine en honing in een kom en kook 2 minuten op High. Meng alle overige ingrediënten erdoor. Schep in een 20 cm/8 in magnetron bakplaat en magnetron op Hoog gedurende 8 minuten. Laat iets afkoelen en snijd in vierkanten of plakjes.

Magnetron Notencake

Maakt een taart van 20 cm/8 inch

150 g/5 oz/1¼ kopjes gewone bloem (voor alle doeleinden)

Een snufje zout

5 ml/1 tl gemalen kaneel

75 g/3 oz/1/3 kop zachte bruine suiker

75 g/3 oz/1/3 kopje basterdsuiker (superfijne) suiker

75 ml/5 el olie

25 g/1 oz/¼ kopje walnoten, gehakt

5 ml/1 tl bakpoeder

2,5 ml/½ tl bicarbonaat (baking soda)

1 ei

150 ml/¼ pt/2/3 kopje zure melk

Meng de bloem, het zout en de helft van de kaneel. Roer de suikers erdoor en klop de olie erdoor tot alles goed gemengd is. Verwijder 90 ml/6 eetlepels van het mengsel en roer dit door de noten en de resterende kaneel. Voeg het bakpoeder, bakpoeder, ei en melk toe aan het grootste deel van het mengsel en klop tot een gladde massa. Schep het hoofdmengsel in een ingevette en met bloem bestoven magnetronschaal van 20 cm/8 en strooi het notenmengsel erover. Magnetron op High gedurende 8 minuten. Laat 10 minuten in de schaal afkoelen en serveer warm.

Magnetron Sinaasappelsap Cake

Maakt een taart van 20 cm/8 inch

250 g/9 oz/2¼ kopjes gewone bloem (voor alle doeleinden)

225 g/8 oz/1 kop kristalsuiker

15 ml/1 el bakpoeder

2,5 ml/½ tl zout

60 ml/4 eetlepels olie

250 ml/8 fl oz/2 kopjes sinaasappelsap

2 eieren, gescheiden

100 g/4 oz/½ kop (superfijne) suiker

Sinaasappelboterglazuur

Oranje Glace Icing

Meng de bloem, kristalsuiker, bakpoeder, zout, olie en de helft van het sinaasappelsap en klop tot alles goed gemengd is. Klop de eidooiers en het resterende sinaasappelsap erdoor tot het licht en zacht is. Klop het eiwit stijf, voeg dan de helft van de basterdsuiker toe en klop tot het dik en glanzend is. Spatel de resterende suiker erdoor en spatel dan de eiwitten door het cakemengsel. Schep in twee ingevette en met bloem bestoven magnetronschalen van 20 cm/8 in en magnetron elk afzonderlijk gedurende 6-8 minuten op Hoog. Haal uit de oven, dek af met folie en laat 5 minuten afkoelen, stort dan op een rooster om af te koelen. Sandwich de cakes samen met sinaasappelbotersuikerglazuur (frosting) en verdeel de oranje glacésuikerglazuur erover.

Magnetron Pavlova

Maakt een taart van 23 cm/9 inch

4 eiwitten

225 g/8 oz/1 kop (superfijne) suiker

2,5 ml/½ tl vanille-essence (extract)

Een paar druppels wijnazijn

150 ml/¼ pt/2/3 kop slagroom

1 kiwi, in plakjes

100 g aardbeien, in plakjes

Klop de eiwitten tot ze zachte pieken vormen. Strooi de helft van de suiker erover en klop goed. Voeg geleidelijk de rest van de suiker, de vanille-essence en azijn toe en klop tot het is opgelost. Schep het mengsel in een cirkel van 23 cm/9 op een stuk bakpapier. Magnetron op High gedurende 2 minuten. Laat 10 minuten in de magnetron staan met de deur open. Haal uit de oven, scheur het bakpapier eraf en laat afkoelen. Klop de slagroom stijf en verdeel over de bovenkant van de meringue. Schik het fruit er mooi op.

Microgolf Shortcake

Maakt een taart van 20 cm/8 inch

225 g/8 oz/2 kopjes gewone bloem (voor alle doeleinden)

15 ml/1 el bakpoeder

50 g/2 oz/¼ kopje (superfijne) suiker

100 g/4 oz/½ kopje boter of margarine

75 ml/5 eetlepels enkele (lichte) room

1 ei

Meng de bloem, het bakpoeder en de suiker en wrijf de boter of margarine erdoor tot het mengsel op broodkruim lijkt. Meng de room en het ei door elkaar en meng dit door het bloemmengsel tot je een zacht deeg hebt. Druk in een ingevette 20 cm/8 in magnetronschaal en magnetron gedurende 6 minuten op Hoog. Laat 4 minuten staan, keer dan om en laat afkoelen op een rooster.

Microgolf Aardbei Shortcake

Maakt een taart van 20 cm/8 inch

900 g aardbeien, dik gesneden

225 g/8 oz/1 kop (superfijne) suiker

225 g/8 oz/2 kopjes gewone bloem (voor alle doeleinden)

15 ml/1 el bakpoeder

175 g/6 oz/¾ kopje boter of margarine

75 ml/5 eetlepels enkele (lichte) room

1 ei

150 ml/¼ pt/2/3 kopje dubbele (zware) room, slagroom

Meng de aardbeien met 175 g suiker en zet ze minimaal 1 uur in de koelkast.

Meng de bloem, het bakpoeder en de resterende suiker en wrijf dan 100 g boter of margarine erdoor tot het mengsel op broodkruim lijkt. Meng de room en het ei door elkaar en meng dit door het bloemmengsel tot je een zacht deeg hebt. Druk in een ingevette 20 cm/8 in magnetronschaal en magnetron gedurende 6 minuten op Hoog. Laat 4 minuten staan, keer dan om en verdeel het nog warm door het midden. Laat afkoelen.

Bestrijk beide snijvlakken met de resterende boter of margarine. Verdeel een derde van de slagroom over de bodem en dek af met driekwart van de aardbeien. Bestrooi met nog een derde van de room en leg de tweede shortcake erop. Werk af met de resterende room en aardbeien.

Biscuitgebak in de magnetron

Maakt een taart van 18 cm/7 inch

150 g/5 oz/1¼ kopjes zelfrijzend bakmeel

100 g/4 oz/½ kopje boter of margarine

100 g/4 oz/½ kop (superfijne) suiker

2 eieren

30 ml/2 el melk

Klop alle ingrediënten tot een glad geheel. Schep in een met bodem beklede magnetronschaal van 18 cm/7 en magnetron op medium gedurende 6 minuten. Laat 5 minuten in de vorm afkoelen en stort daarna op een rooster om af te koelen.

Magnetron Sultana Bars

Maakt 12

175 g/6 oz/¾ kopje boter of margarine

100 g/4 oz/½ kop (superfijne) suiker

15 ml/1 el gouden (lichte maïs) siroop

75 g/3 oz/½ kopje sultanarozijnen (gouden rozijnen)

5 ml/1 tl geraspte citroenschil

225 g / 8 oz / 2 kopjes zelfrijzend (zelfrijzend) meel

Voor het glazuur (glazuur):

175 g/6 oz/1 kop poedersuiker (banketbakkers)

30 ml/2 el citroensap

Magnetron de boter of margarine, basterdsuiker en siroop op Medium gedurende 2 minuten. Roer de sultanarozijnen en de citroenschil erdoor. Vouw de bloem erdoor. Schep in een ingevette en beklede vierkante magnetronschaal van 20 cm/8 in en magnetron op Medium gedurende 8 minuten tot ze net stevig zijn. Laat iets afkoelen.

Doe de poedersuiker in een kom en maak een kuiltje in het midden. Roer er geleidelijk het citroensap door tot een glad glazuur. Verdeel over de cake terwijl hij nog net warm is, laat hem daarna volledig afkoelen.

Magnetron Chocolade Koekjes

Maakt 24

225 g/1 kop boter of margarine, verzacht

100 g/4 oz/½ kopje donkerbruine suiker

5 ml/1 tl vanille-essence (extract)

225 g / 8 oz / 2 kopjes zelfrijzend (zelfrijzend) meel

50 g/2 oz/½ kopje chocolademelkpoeder

Klop de boter, suiker en vanille-essence tot een licht en luchtig mengsel. Meng geleidelijk de bloem en chocolade erdoor en mix tot een glad deeg. Vorm balletjes ter grootte van een walnoot, leg er zes tegelijk op een ingevette magnetronbakplaat (koekjes) en druk ze iets plat met een vork. Magnetron elke batch gedurende 2 minuten op High, totdat alle koekjes (koekjes) gaar zijn. Laat afkoelen op een rooster.

Magnetron Kokoskoekjes

Maakt 24

50 g/2 oz/¼ kopje boter of margarine, verzacht

75 g/3 oz/1/3 kopje basterdsuiker (superfijne) suiker

1 ei, licht geklopt

2,5 ml/½ tl vanille-essence (extract)

75 g/3 oz/¾ kopje gewone bloem (voor alle doeleinden)

25 g/1 oz/¼ kopje gedroogde (versnipperde) kokosnoot

Een snufje zout

30 ml/2 el aardbeienjam (conserven)

Klop de boter of margarine en suiker licht en luchtig door elkaar. Roer het ei en de vanille-essence afwisselend met de bloem, kokos en zout erdoor en mix tot een glad deeg. Vorm balletjes ter grootte van een walnoot en leg er zes tegelijk op een ingevette magnetronbakplaat (koekjesblad), druk ze dan licht aan met een vork om ze iets plat te maken. Magnetron op Hoog gedurende 3 minuten tot het net stevig is. Breng over naar een rooster en plaats een lepel jam in het midden van elk koekje. Herhaal met de overige koekjes.

Magnetron Florentijnen

Maakt 12

50 g/2 oz/¼ kopje boter of margarine

50 g/2 oz/¼ kopje demerarasuiker

15 ml/1 el gouden (lichte maïs) siroop

50 g/2 oz/¼ kopje glacé (gekonfijte) kersen

75 g/3 oz/¾ kopje walnoten, gehakt

25 g/1 oz/3 eetlepels sultanarozijnen (gouden rozijnen)

25 g/1 oz/¼ kopje geschaafde (geschaafde) amandelen

30 ml/2 el gehakte gemengde (gekonfijte) schil

25 g/1 oz/¼ kopje gewone bloem (voor alle doeleinden)

100 g / 1 kop pure (halfzoete) chocolade, gebroken (optioneel)

Magnetron de boter of margarine, suiker en siroop 1 minuut op High tot ze gesmolten zijn. Roer de kersen, walnoten, sultanarozijnen en amandelen erdoor en meng de gemengde schil en bloem erdoor. Plaats theelepels van het mengsel, goed uit elkaar, op vetvrij (vetvrij) papier en kook vier tegelijk op Hoog gedurende 1½ minuut per portie. Maak de randen glad met een mes, laat 3 minuten op het papier afkoelen en leg ze op een rooster om af te koelen. Herhaal met de overige koekjes. Smelt, indien gewenst, de chocolade in een kom gedurende 30 seconden en verdeel over één kant van de florentines, laat dan opstijven.

Magnetron Hazelnoot- en Kersenkoekjes

Maakt 24

100 g/4 oz/½ kopje boter of margarine, verzacht

100 g/4 oz/½ kop (superfijne) suiker

1 ei, losgeklopt

175 g/6 oz/1½ kopjes bloem voor alle doeleinden

50 g/2 oz/½ kopje gemalen hazelnoten

100 g/4 oz/½ kopje glacé (gekonfijte) kersen

Klop de boter of margarine en suiker luchtig en luchtig. Klop geleidelijk het ei erdoor en spatel dan de bloem, hazelnoten en kersen erdoor. Leg de lepels goed gespreid op de magnetronbakplaten (koekjes) en zet acht koekjes (koekjes) per keer op Hoog gedurende ongeveer 2 minuten tot ze net stevig zijn.

Magnetron Sultana Koekjes

Maakt 24

225 g/8 oz/2 kopjes gewone bloem (voor alle doeleinden)

5 ml/1 tl gemalen gemengde (appeltaart) kruiden

175 g/6 oz/¾ kopje boter of margarine, verzacht

100 g sultanarozijnen (gouden rozijnen)

175 g/6 oz/¾ kopje demerarasuiker

Meng de bloem en de gemengde kruiden en meng de boter of margarine, sultanarozijnen en 100 g suiker erdoor om een zacht deeg te maken. Rol in twee worstvormen van ongeveer 18 cm/7 in lang en rol in de resterende suiker. Snijd in plakjes en schik ze met zes tegelijk op een ingevette magnetronbakplaat (koekjesblad) en magnetron op Hoog gedurende 2 minuten. Laat afkoelen op een rooster en herhaal met de overige koekjes (koekjes).

Magnetron Bananenbrood

Voor één brood van 450 g/1 lb

75 g/3 oz/1/3 kop boter of margarine, verzacht

175 g/6 oz/¾ cup (superfijne) suiker

2 eieren, licht geklopt

200 g/7 oz/1¾ kopjes gewone bloem (voor alle doeleinden)

10 ml/2 tl bakpoeder

2,5 ml/½ tl bicarbonaat (baking soda)

Een snufje zout

2 rijpe bananen

15 ml/1 el citroensap

60 ml/4 eetlepels melk

50 g/2 oz/½ kopje walnoten, gehakt

Klop de boter of margarine en suiker luchtig en luchtig. Klop geleidelijk de eieren erdoor en spatel er dan de bloem, het bakpoeder, de natriumbicarbonaat en het zout door. Prak de bananen met het citroensap en spatel ze samen met de melk en walnoten door het mengsel. Schep in een ingevette en met bloem bestoven broodvorm van 450 g/1 lb (pan) en magnetron gedurende 12 minuten op Hoog. Haal uit de oven, dek af met folie en laat 10 minuten afkoelen, stort dan op een rooster om af te koelen.

Magnetron Kaasbrood

Voor één brood van 450 g/1 lb

50 g/2 oz/¼ kopje boter of margarine

250 ml/8 fl oz/1 kop melk

2 eieren, licht geklopt

225 g/8 oz/2 kopjes gewone bloem (voor alle doeleinden)

10 ml/2 tl bakpoeder

10 ml/2 tl mosterdpoeder

2,5 ml/½ tl zout

175 g/6 oz/1½ kopjes Cheddar-kaas, geraspt

Smelt de boter of margarine in een kleine kom op High gedurende 1 minuut. Roer de melk en eieren erdoor. Meng de bloem, bakpoeder, mosterd, zout en 100 g/1 kopje kaas. Roer het melkmengsel erdoor tot het goed gemengd is. Schep in een magnetron broodvorm (pan) en magnetron op Hoog gedurende 9 minuten. Bestrooi met de resterende kaas, dek af met folie en laat 20 minuten staan.

Magnetron Walnotenbrood

Voor één brood van 450 g/1 lb

225 g/8 oz/2 kopjes gewone bloem (voor alle doeleinden)

300 g/10 oz/1¼ kopjes (superfijne) basterdsuiker

5 ml/1 tl bakpoeder

Een snufje zout

100 g/4 oz/½ kopje boter of margarine, verzacht

150 ml/¼ pt/2/3 kopje melk

2,5 ml/½ tl vanille-essence (extract)

4 eiwitten

50 g/2 oz/½ kopje walnoten, gehakt

Meng de bloem, suiker, bakpoeder en zout. Klop de boter of margarine erdoor, vervolgens de melk en vanille-essence. Klop de eiwitten erdoor tot ze romig zijn en spatel er dan de noten door. Schep in een ingevette en met bloem bestoven broodvorm van 450 g/1 lb (pan) en magnetron gedurende 12 minuten op Hoog. Haal uit de oven, dek af met folie en laat 10 minuten afkoelen, stort dan op een rooster om af te koelen.

No-bake Amaretti Cake

Maakt een taart van 20 cm/8 inch

100 g/4 oz/½ kopje boter of margarine

175 g/6 oz/1½ kopjes pure (halfzoete) chocolade

75 g Amaretti-koekjes (koekjes), grof gemalen

175 g/6 oz/1½ kopjes walnoten, gehakt

50 g/2 oz/½ kopje pijnboompitten

75 g/3 oz/1/3 kop glacé (gekonfijte) kersen, gehakt

30 ml/2 el Grand Marnier

225 g / 8 oz / 1 kop Mascarpone-kaas

Smelt de boter of margarine en chocolade in een hittebestendige kom die op een pan met zacht kokend water staat. Haal van het vuur en roer de koekjes, noten en kersen erdoor. Schep in een boterhamblik (pan) bekleed met huishoudfolie (plasticfolie) en druk zachtjes aan. Koel gedurende 1 uur tot het is ingesteld. Stort op een serveerschaal en verwijder de vershoudfolie. Klop de Grand Marnier door de mascarpone en schep over de bodem.

Amerikaanse Krokante Rijstrepen

Maakt ongeveer 24 repen

50 g/2 oz/¼ kopje boter of margarine

225 g/8 oz witte marshmallows

5 ml/1 tl vanille-essence (extract)

150 g/5 oz/5 kopjes gepofte rijstgraan

Smelt de boter of margarine in een grote pan op laag vuur. Voeg de marshmallows toe en kook, onder voortdurend roeren, tot de marshmallows zijn gesmolten en het mengsel stroperig is. Haal van het vuur en voeg de vanille-essence toe. Roer de rijstgraan erdoor tot een gelijkmatige laag. Druk in een vierkant bakblik (pan) van 23 cm/9 cm en snijd in repen. Laat in te stellen.

Abrikozen Vierkantjes

Maakt 12

50 g/2 oz/¼ kopje boter of margarine

175 g/6 oz/1 klein blikje verdampte melk

15 ml/1 el heldere honing

45 ml/3 el appelsap

50 g/2 oz/¼ kopje zachte bruine suiker

50 g/2 oz/1/3 kop sultanarozijnen (gouden rozijnen)

225 g/8 oz/11/3 kopjes kant-en-klare gedroogde abrikozen, gehakt

100 g / 4 oz / 1 kop gedroogde (versnipperde) kokosnoot

225 g/8 oz/2 kopjes havermout

Smelt de boter of margarine met de melk, honing, appelsap en suiker. Roer de overige ingrediënten erdoor. Druk in een ingevette 25 cm/12 in bakvorm (pan) en laat afkoelen alvorens in vierkanten te snijden.

Abrikoos Swiss Roll Cake

Maakt een taart van 23 cm/9 inch

400 g/1 groot blik abrikozenhelften, uitgelekt en sap gereserveerd

50 g/2 oz/½ kopje custardpoeder

75 g/3 oz/¼ kopje abrikozengelei (heldere conserven)

75 g/3 oz/½ kop kant-en-klare gedroogde abrikozen, gehakt

400 g/1 groot blik gecondenseerde melk

225 g/8 oz/1 kop kwark

45 ml/3 el citroensap

1 Swiss Roll, in plakjes

Maak het abrikozensap aan met water tot 500 ml/17 fl oz/2¼ kopjes. Meng het custardpoeder met een beetje van de vloeistof tot een pasta en breng de rest aan de kook. Roer de custardpasta en abrikozengelei erdoor en laat sudderen tot het dik en glanzend is, onder voortdurend roeren. Pureer de ingeblikte abrikozen en voeg toe aan het mengsel met de gedroogde abrikozen. Laat afkoelen, af en toe roeren.

Klop de gecondenseerde melk, kwark en het citroensap door elkaar tot alles goed gemengd is en roer dan door het geleimengsel. Bekleed een cakevorm (vorm) van 23 cm/9 met huishoudfolie (plasticfolie) en verdeel de plakjes Swiss (gelei)rol over de bodem en zijkanten van de vorm. Schep het cakemengsel erin en laat afkoelen tot het stevig is. Draai voorzichtig om wanneer u klaar bent om te serveren.

Gebroken Biscuit Taarten

Maakt 12

100 g/4 oz/½ kopje boter of margarine

30 ml/2 eetlepels (superfijne) basterdsuiker

15 ml/1 el gouden (lichte maïs) siroop

30 ml/2 el cacaopoeder (ongezoete chocolade)

225 g/8 oz/2 kopjes gebroken biscuit (koekjes) kruimels

50 g/2 oz/1/3 kop sultanarozijnen (gouden rozijnen)

Smelt de boter of margarine met de suiker en de siroop zonder het mengsel te laten koken. Roer de cacao, koekjes en sultanarozijnen erdoor. Druk in een ingevette bakvorm van 25 cm/10, laat afkoelen en laat afkoelen tot het stevig is. Snijd in vierkanten.

Karnemelkcake zonder te bakken

Maakt een taart van 23 cm/9 inch

30 ml/2 eetlepels custardpoeder

100 g/4 oz/½ kop (superfijne) suiker

450 ml/¾ pt/2 kopjes melk

175 ml/6 fl oz/¾ kopje karnemelk

25 g/2 el boter of margarine

400 g/12 oz gewone koekjes (koekjes), geplet

120 ml/4 fl oz/½ kopje slagroom

Mix het custardpoeder en de suiker met een beetje melk tot een pasta. Breng de resterende melk aan de kook. Roer het door de pasta, doe dan het hele mengsel terug in de pan en roer op laag vuur ongeveer 5 minuten tot het ingedikt is. Roer de karnemelk en boter of margarine erdoor. Schep laagjes gemalen koekjes en custardmengsel in een 23 cm/9 in cakevorm (pan) bekleed met huishoudfolie (plasticfolie), of in een glazen schaal. Druk zachtjes aan en laat afkoelen tot het is uitgehard. Klop de slagroom stijf en spuit dan rozetten van de slagroom op de bovenkant van de cake. Ofwel serveer uit het gerecht, of til voorzichtig uit om te serveren.

Kastanjeschijfje

Voor één brood van 900 g/2 lb

225 g/8 oz/2 kopjes pure (halfzoete) chocolade

100 g/4 oz/½ kopje boter of margarine, verzacht

100 g/4 oz/½ kop (superfijne) suiker

450 g/1 lb/1 groot blik ongezoete kastanjepuree

25 g/1 oz/¼ kopje rijstmeel

Een paar druppels vanille-essence (extract)

150 ml/¼ pt/2/3 kop slagroom, slagroom

Geraspte chocolade om te decoreren

Smelt de pure chocolade in een hittebestendige kom boven een pan met zacht kokend water. Klop de boter of margarine en suiker luchtig en luchtig. Klop de kastanjepuree, chocolade, rijstmeel en vanille-essence erdoor. Verander in een ingevette en beklede broodvorm (pan) van 900 g/2 lb en laat afkoelen tot het stevig is. Garneer voor het serveren met slagroom en geraspte chocolade.

Kastanje Biscuit

Maakt één cake van 900 g/2 lb

Voor de taart:

400 g/14 oz/1 groot blik gezoete kastanjepuree

100 g/4 oz/½ kopje boter of margarine, verzacht

1 ei

Een paar druppels vanille-essence (extract)

30 ml/2 el cognac

24 biscuits (koekjes)

Voor het glazuur:

30 ml/2 el cacaopoeder (ongezoete chocolade)

15 ml/1 el (superfijne) basterdsuiker

30 ml/2 el water

Voor de botercrème:

100 g/4 oz/½ kopje boter of margarine, verzacht

100 g glazuur (banketbakkers) suiker, gezeefd

15 ml/1 el koffie-essence (extract)

Meng voor de cake de kastanjepuree, boter of margarine, ei, vanille-essence en 15 ml/1 el cognac en klop tot een gladde massa. Vet een broodvorm (vorm) van 900 g/2 lb in en bekleed deze en bekleed de bodem en zijkanten met de lange vingers. Strooi de rest van de cognac over de koekjes en schep het kastanjemengsel in het midden. Koel tot stevig.

Haal uit de vorm en verwijder het voeringpapier. Los de ingrediënten voor het glazuur op in een hittebestendige kom die boven een pan met zacht kokend water staat en roer tot een gladde massa. Laat iets afkoelen en strijk dan het meeste glazuur over de bovenkant van de cake. Klop de ingrediënten van de botercrème tot een gladde massa en spuit dan in wervelingen langs de rand van de cake. Besprenkel met het achtergehouden glazuur om het af te maken.

Chocolade- en amandelrepen

Maakt 12

175 g/6 oz/1½ kopjes pure (halfzoete) chocolade, gehakt

3 eieren, gescheiden

120 ml/4 fl oz/½ kopje melk

10 ml/2 tl gelatinepoeder

120 ml/4 fl oz/½ kopje dubbele (zware) room

45 ml/3 el (superfijne) basterdsuiker

60 ml/4 el geschaafde (geschaafde) amandelen, geroosterd

Smelt de chocolade in een hittebestendige kom die boven een pan zacht kokend water staat. Haal van het vuur en klop de eidooiers erdoor. Kook de melk in een aparte pan en roer de gelatine erdoor. Roer door het chocolademengsel en roer dan de room erdoor. Klop de eiwitten stijf, voeg dan de suiker toe en klop opnieuw tot ze stijf en glanzend zijn. Spatel door het mengsel. Schep in een ingevette en met bakpapier beklede broodvorm van 450 g/1 lb, bestrooi met de geroosterde amandelen en laat afkoelen, en zet vervolgens minimaal 3 uur in de koelkast. Draai om en snij in dikke plakken om te serveren

Chocolade Krokante Taart

Voor één brood van 450 g/1 lb

150 g/5 oz/2/3 kop boter of margarine
30 ml/2 eetlepels gouden (lichte maïs) siroop

175 g/6 oz/1½ kopjes spijsverteringskoekje (Graham cracker) kruimels

50 g/2 oz/2 kopjes gepofte rijst granen

25 g/1 oz/3 eetlepels sultanarozijnen (gouden rozijnen)

25 g/2 el geglaceerde (gekonfijte) kersen, gehakt

225 g/8 oz/2 kopjes chocoladeschilfers

30 ml/2 el water

175 g / 6 oz / 1 kop glazuur (banketbakkers) suiker, gezeefd

Smelt 100 g boter of margarine met de siroop, haal van het vuur en roer de koekjeskruimels, ontbijtgranen, sultanarozijnen, kersen en driekwart van de chocoladeschilfers erdoor. Schep in een ingevette en met bakpapier beklede broodvorm (vorm) van 450 g/1 lb en strijk de bovenkant glad. Koel tot stevig. Smelt de resterende boter of margarine met de resterende chocolade en het water. Roer de poedersuiker erdoor en mix tot een gladde massa. Haal de cake uit de vorm en halveer in de lengte. Sandwich samen met de helft van de chocoladesuikerglazuur (glazuur), plaats op een serveerschaal en giet het resterende glazuur erover. Koel voor het serveren.

Chocoladekruimelvierkantjes

Maakt ongeveer 24

225 g/8 oz spijsverteringskoekjes (Graham crackers)

100 g/4 oz/½ kopje boter of margarine

25 g/1 oz/2 eetlepels (superfijne) basterdsuiker

15 ml/1 el gouden (lichte maïs) siroop

45 ml/3 el cacaopoeder (ongezoete chocolade)

200 g/7 oz/1¾ kopjes chocoladetaartbedekking

Doe de koekjes in een plastic zak en plet ze met een deegroller. Smelt de boter of margarine in een pan en roer er de suiker en de siroop door. Haal van het vuur en roer de koekkruimels en cacao erdoor. Verander in een ingevette en beklede vierkante cakevorm van 18 cm/7 en druk gelijkmatig aan. Laat afkoelen en zet vervolgens in de koelkast tot het is opgestijfd.

Smelt de chocolade in een hittebestendige kom die boven een pan zacht kokend water staat. Verdeel over het koekje, markeer tijdens het zetten in lijnen met een vork. Snijd in vierkanten als ze stevig zijn.

Chocolade koelkast taart

Maakt één cake van 450 g/1 lb

100 g/4 oz/½ kopje zachte bruine suiker

100 g/4 oz/½ kopje boter of margarine

50 g/2 oz/½ kopje chocolademelkpoeder

25 g/1 oz/¼ kopje cacaopoeder (ongezoete chocolade)

30 ml/2 eetlepels gouden (lichte maïs) siroop

150 g verteringskoekjes (Graham crackers) of rijke theekoekjes

50 g/2 oz/¼ kopje glacé (gekonfijte) kersen of gemengde noten en rozijnen

100 g/4 oz/1 kop melkchocolade

Doe de suiker, boter of margarine, chocolademelk, cacao en siroop in een pan en verwarm zachtjes tot de boter is gesmolten, goed roeren. Haal van het vuur en verkruimel de koekjes erdoor. Roer de kersen of noten en rozijnen erdoor en schep in een broodvorm (pan) van 450 g/1 lb. Laat in de koelkast afkoelen.

Smelt de chocolade in een hittebestendige kom boven een pan met zacht kokend water. Verdeel over de bovenkant van de afgekoelde cake en snijd in plakken.

Chocolade en fruitcake

Maakt een taart van 18 cm/7 inch

100 g/4 oz/½ kopje boter of margarine, gesmolten

100 g/4 oz/½ kopje zachte bruine suiker

225 g / 8 oz / 2 kopjes spijsverteringskoekje (Graham cracker) kruimels

50 g/2 oz/1/3 kop sultanarozijnen (gouden rozijnen)

45 ml/3 el cacaopoeder (ongezoete chocolade)

1 ei, losgeklopt

Een paar druppels vanille-essence (extract)

Meng de boter of margarine en suiker, roer er dan de overige ingrediënten door en klop goed. Schep in een ingevette boterhamvorm (pan) van 18 cm/7 en strijk het oppervlak glad. Koel tot ingesteld.

Chocolade- en gembervierkantjes

Maakt 24

100 g/4 oz/½ kopje boter of margarine

100 g/4 oz/½ kopje zachte bruine suiker

30 ml/2 el cacaopoeder (ongezoete chocolade)

1 ei, licht geklopt

225 g / 8 oz / 2 kopjes gemberkoekjes (koekjes) kruimels

15 ml/1 el gehakte gekristalliseerde (gekonfijte) gember

Smelt de boter of margarine en roer de suiker en cacao erdoor tot alles goed gemengd is. Meng het ei, de koekkruimels en de gember erdoor. Druk in een Swiss roll tin (jelly roll pan) en laat afkoelen tot het stevig is. Snijd in vierkanten.

Luxe Chocolade- en Gembervierkanten

Maakt 24

100 g/4 oz/½ kopje boter of margarine

100 g/4 oz/½ kopje zachte bruine suiker

30 ml/2 el cacaopoeder (ongezoete chocolade)

1 ei, licht geklopt

225 g / 8 oz / 2 kopjes gemberkoekjes (koekjes) kruimels

15 ml/1 el gehakte gekristalliseerde (gekonfijte) gember

100 g/4 oz/1 kop pure (halfzoete) chocolade

Smelt de boter of margarine en roer de suiker en cacao erdoor tot alles goed gemengd is. Meng het ei, de koekkruimels en de gember erdoor. Druk in een Swiss roll tin (jelly roll pan) en laat afkoelen tot het stevig is.

Smelt de chocolade in een hittebestendige kom die boven een pan zacht kokend water staat. Verdeel over de cake en laat opstijven. Snijd in vierkanten als de chocolade bijna hard is.

Honing Chocolade Koekjes

Maakt 12

225 g/1 kop boter of margarine

30 ml/2 el heldere honing

90 ml/6 eetlepels johannesbrood- of cacaopoeder (ongezoete chocolade)

225 g / 8 oz / 2 kopjes zoete koekjes (koekjes) kruimels

Smelt de boter of margarine, honing en johannesbrood- of cacaopoeder in een pan tot alles goed gemengd is. Meng de koekkruimels erdoor. Schep in een ingevette 20 cm/8 in vierkante cakevorm (vorm) en laat afkoelen, snij dan in vierkanten.

Chocolade Laag Taart

Maakt één cake van 450 g/1 lb

300 ml/½ pt/1¼ kopjes dubbele (zware) room

225 g/8 oz/2 kopjes pure (halfzoete) chocolade, gebroken

5 ml/1 tl vanille-essence (extract)

20 gewone koekjes (koekjes)

Verwarm de room in een pan op laag vuur tot het bijna kookt. Haal van het vuur en voeg de chocolade toe, roer, dek af en laat 5 minuten staan. Roer de vanille-essence erdoor en mix tot alles goed gemengd is, laat afkoelen tot het mengsel begint in te dikken.

Bekleed een broodvorm van 450 g (pan) met huishoudfolie (plasticfolie). Smeer een laag chocolade op de bodem en leg er een paar koekjes in een laag bovenop. Ga door met het aanbrengen van laagjes op de chocolade en koekjes tot je ze opgebruikt hebt. Werk af met een laagje chocolade. Dek af met huishoudfolie en zet minimaal 3 uur in de koelkast. Draai de cake om en verwijder de vershoudfolie.

Leuke chocoladerepen

Maakt 12

100 g/4 oz/½ kopje boter of margarine

30 ml/2 eetlepels gouden (lichte maïs) siroop

30 ml/2 el cacaopoeder (ongezoete chocolade)

225 g/8 oz/1 pakje Mooie of gewone koekjes (koekjes), grof gemalen

100 g / 1 kop pure (halfzoete) chocolade, in blokjes gesneden

Smelt de boter of margarine en de siroop, haal van het vuur en roer de cacao en de verkruimelde koekjes erdoor. Spreid het mengsel uit in een vierkante cakevorm (vorm) van 23 cm/9 en egaliseer het oppervlak. Smelt de chocolade in een hittebestendige kom boven een pan met zacht kokend water en verdeel erover. Laat iets afkoelen, snijd dan in repen of vierkanten en laat afkoelen tot ze gestold zijn.

Chocolade Praliné Pleinen

Maakt 12

100 g/4 oz/½ kopje boter of margarine

30 ml/2 eetlepels (superfijne) basterdsuiker

15 ml/1 el gouden (lichte maïs) siroop

15 ml/1 el chocolademelkpoeder

225 g/8 oz spijsverteringskoekjes (Graham crackers), geplet

200 g/7 oz/1¾ kopjes pure (halfzoete) chocolade

100 g / 4 oz / 1 kop gehakte gemengde noten

Smelt de boter of margarine, suiker, siroop en chocolademelk in een pannetje. Breng aan de kook en kook vervolgens 40 seconden. Haal van het vuur en roer de koekjes en noten erdoor. Druk in een ingevette cakevorm van 28 x 18 cm/11 x 7 cm. Smelt de chocolade in een hittebestendige kom boven een pan met zacht kokend water. Verdeel over de koekjes en laat afkoelen, laat 2 uur afkoelen voordat je ze in vierkanten snijdt.

Kokos Crunchies

Maakt 12

100 g/4 oz/1 kop pure (halfzoete) chocolade

30 ml/2 el melk

30 ml/2 eetlepels gouden (lichte maïs) siroop

100 g/4 oz/4 kopjes gepofte rijstgraan

50 g/2 oz/½ kopje gedroogde (versnipperde) kokosnoot

Smelt de chocolade, melk en siroop in een pannetje. Haal van het vuur en roer de granen en kokos erdoor. Schep in papieren cakevormpjes (cupcakepapier) en laat opstijven.

Crunch Bars

Maakt 12

175 g/6 oz/¾ kopje boter of margarine

50 g/2 oz/¼ kopje zachte bruine suiker

30 ml/2 eetlepels gouden (lichte maïs) siroop

45 ml/3 el cacaopoeder (ongezoete chocolade)

75 g/3 oz/½ kopje rozijnen of sultanarozijnen (gouden rozijnen)

350 g/12 oz/3 kopjes havermoutgranen

225 g/8 oz/2 kopjes pure (halfzoete) chocolade

Smelt de boter of margarine met de suiker, siroop en cacao. Roer de rozijnen of sultanarozijnen en de ontbijtgranen erdoor. Druk het mengsel in een ingevette 25 cm/12 in bakvorm (pan). Smelt de chocolade in een hittebestendige kom boven een pan met zacht kokend water. Verdeel over de repen en laat ze afkoelen, laat ze afkoelen voordat je ze in repen snijdt.

Kokos- en rozijnencrunches

Maakt 12

100 g / 4 oz / 1 kop witte chocolade

30 ml/2 el melk

30 ml/2 eetlepels gouden (lichte maïs) siroop

175 g/6 oz/6 kopjes gepofte rijstgraan

50 g/2 oz/1/3 kopje rozijnen

Smelt de chocolade, melk en siroop in een pannetje. Haal van het vuur en roer de granen en rozijnen erdoor. Schep in papieren cakevormpjes (cupcakepapier) en laat opstijven.

Koffie Melk Pleinen

Maakt 20

25 g/2 el gelatinepoeder

75 ml/5 el koud water

225 g / 8 oz / 2 kopjes gewone koekjes (koekjes) kruimels

50 g/2 oz/¼ kopje boter of margarine, gesmolten

400 g/14 oz/1 groot blik verdampte melk

150 g/5 oz/2/3 kopje (superfijne) suiker

400 ml/14 fl oz/1¾ kopjes sterke zwarte koffie, ijskoud

Slagroom en gekristalliseerde (gekonfijte) sinaasappelschijfjes om te decoreren

Strooi de gelatine over het water in een kom en laat het sponsachtig worden. Zet de kom in een pan met heet water en laat staan totdat deze is opgelost. Laat iets afkoelen. Roer de koekkruimels door de gesmolten boter en druk in de bodem en zijkanten van een ingevette rechthoekige cakevorm (vorm) van 30 x 20 cm/12 x 8 cm. Klop de verdampte melk dik en klop dan geleidelijk de suiker erdoor, gevolgd door de opgeloste gelatine en de koffie. Lepel over de bodem en laat afkoelen tot het stevig is. Snijd in vierkanten en versier met geklopte slagroom en gekristalliseerde (gekonfijte) sinaasappelschijfjes.

Fruitcake zonder bak

Maakt een taart van 23 cm/9 inch

450 g/1 lb/22/3 kopjes gedroogd gemengd fruit (fruitcakemix)

450 g/1 lb gewone koekjes (koekjes), geplet

100 g/4 oz/½ kopje boter of margarine, gesmolten

100 g/4 oz/½ kopje zachte bruine suiker

400 g/1 groot blik gecondenseerde melk

5 ml/1 tl vanille-essence (extract)

Meng alle ingrediënten tot ze goed gemengd zijn. Schep in een ingevette 23 cm/9 in cakevorm (pan) bekleed met huishoudfolie (plasticfolie) en druk aan. Koel tot stevig.

Fruitige Vierkantjes

Maakt ongeveer 12

100 g/4 oz/½ kopje boter of margarine

100 g/4 oz/½ kopje zachte bruine suiker

400 g/1 groot blik gecondenseerde melk

5 ml/1 tl vanille-essence (extract)

250 g/9 oz/1½ kopjes gedroogd gemengd fruit (fruitcakemix)

100 g/4 oz/½ kopje glacé (gekonfijte) kersen

50 g/2 oz/½ kop gehakte gemengde noten

400 g/14 oz gewone koekjes (koekjes), geplet

Smelt de boter of margarine en suiker op laag vuur. Roer de gecondenseerde melk en vanille-essence erdoor en haal van het vuur. Meng de overige ingrediënten erdoor. Druk in een ingevette Swiss roll-vorm (jelly roll pan) en laat 24 uur afkoelen tot hij stevig is. Snijd in vierkanten.

Fruit- en vezelgekraak

Maakt 12

100 g/4 oz/1 kop pure (halfzoete) chocolade

50 g/2 oz/¼ kopje boter of margarine

15 ml/1 el gouden (lichte maïs) siroop

100 g/4 oz/1 kop fruit- en vezelontbijtgranen

Smelt de chocolade in een hittebestendige kom boven een pan met zacht kokend water. Klop de boter of margarine en siroop erdoor. Roer de granen erdoor. Schep in papieren cakevormpjes (cupcakepapier) en laat afkoelen en opstijven.

Nougat Layer Cake

Maakt één cake van 900 g/2 lb

15 g/½ oz/1 el gelatinepoeder

100 ml/3½ fl oz/6½ eetlepel water

1 pakje trifle sponzen

225 g/1 kop boter of margarine, verzacht

50 g/2 oz/¼ kopje (superfijne) suiker

400 g/1 groot blik gecondenseerde melk

5 ml/1 tl citroensap

5 ml/1 tl vanille-essence (extract)

5 ml/1 tl room van tartaar

100 g / 4 oz / 2/3 kop gedroogd gemengd fruit (fruitcakemix), gehakt

Strooi de gelatine over het water in een kleine kom en zet de kom vervolgens in een pan met heet water tot de gelatine transparant is. Een beetje afkoelen. Bekleed een broodvorm van 900 g/2 lb met folie zodat de folie de bovenkant van de vorm bedekt, en leg dan de helft van de trifle-sponzen op de bodem. Klop de boter of margarine en suiker tot een romig geheel en klop dan alle overige ingrediënten erdoor. Schep in de vorm en leg de overige trifle-sponzen erop. Dek af met folie en leg er een gewicht op. Koel tot stevig.

Melk en Nootmuskaat Vierkantjes

Maakt 20

Voor de basis:

225 g / 8 oz / 2 kopjes gewone koekjes (koekjes) kruimels

30 ml/2 el zachte bruine suiker

2,5 ml/½ tl geraspte nootmuskaat

100 g/4 oz/½ kopje boter of margarine, gesmolten

Voor de vulling:

1,2 liter/2 pts/5 kopjes melk

25 g/2 el boter of margarine

2 eieren, gescheiden

225 g/8 oz/1 kop (superfijne) suiker

100 g / 4 oz / 1 kop maizena (maïszetmeel)

50 g/2 oz/½ kopje gewone bloem (voor alle doeleinden)

5 ml/1 tl bakpoeder

Een snufje geraspte nootmuskaat

Geraspte nootmuskaat om te bestrooien

Meng voor de bodem de koekkruimels, suiker en nootmuskaat door de gesmolten boter of margarine en druk op de bodem van een ingevette cakevorm van 30 x 20 cm/12 x 8 cm.

Breng voor de vulling 1 liter/ 1¾ pt/4¼ kopjes melk aan de kook in een grote pan. Voeg de boter of margarine toe. Klop de eidooiers los met de resterende melk. Meng de suiker, maizena, bloem, bakpoeder en nootmuskaat erdoor. Klop een beetje van de kokende melk bij het eigeelmengsel tot een pasta, meng de pasta vervolgens met de kokende melk, onder voortdurend roeren op

laag vuur gedurende een paar minuten tot het ingedikt is. Haal van
het vuur. Klop de eiwitten stijf en spatel ze dan door het mengsel.
Lepel over de bodem en bestrooi rijkelijk met nootmuskaat. Laat
afkoelen, laat afkoelen en snij in vierkanten voor het opdienen.

Muesli Crunch

Maakt ongeveer 16 vierkanten

400 g/14 oz/3½ kopjes pure (halfzoete) chocolade

45 ml/3 eetlepels gouden (lichte maïs) siroop

25 g/2 el boter of margarine

Ongeveer 225 g muesli

Smelt de helft van de chocolade, de siroop en de boter of margarine samen. Roer er geleidelijk genoeg muesli door tot een stevig mengsel. Druk in een ingevette Swiss roll tin (jelly roll pan). Smelt de rest van de chocolade en strijk de bovenkant glad. Koel in de koelkast voordat u in vierkanten snijdt.

Oranje Mousse Vierkantjes

Maakt 20

25 g/2 el gelatinepoeder

75 ml/5 el koud water

225 g / 8 oz / 2 kopjes gewone koekjes (koekjes) kruimels

50 g/2 oz/¼ kopje boter of margarine, gesmolten

400 g/14 oz/1 groot blik verdampte melk

150 g/5 oz/2/3 kopje (superfijne) suiker

400 ml/14 fl oz/1¾ kopjes sinaasappelsap

Slagroom en chocoladesnoepjes om te decoreren

Strooi de gelatine over het water in een kom en laat het sponsachtig worden. Zet de kom in een pan met heet water en laat staan totdat deze is opgelost. Laat iets afkoelen. Roer de koekkruimels door de gesmolten boter en druk op de bodem en zijkanten van een ingevette 30 x 20 cm/12 x 8 in ondiepe cakevorm (pan). Klop de melk dik en klop dan geleidelijk de suiker erdoor, gevolgd door de opgeloste gelatine en het sinaasappelsap. Lepel over de bodem en laat afkoelen tot het stevig is. Snijd in vierkanten en versier met geslagen slagroom en chocoladesnoepjes.

Pinda Vierkantjes

Maakt 18

225 g / 8 oz / 2 kopjes gewone koekjes (koekjes) kruimels

100 g/4 oz/½ kopje boter of margarine, gesmolten

225 g / 8 oz / 1 kop knapperige pindakaas

25 g/1 oz/2 el glacé (gekonfijte) kersen

25 g/1 oz/3 eetlepels krenten

Meng alle ingrediënten tot ze goed gemengd zijn. Druk in een ingevette 25 cm/12 in bakvorm (pan) en laat afkoelen tot het stevig is, snij dan in vierkanten.

Pepermunt Karamel Taarten

Maakt 16

400 g/1 groot blik gecondenseerde melk

600 ml/1 pt/2½ kopjes melk

30 ml/2 eetlepels custardpoeder

225 g / 8 oz / 2 kopjes spijsverteringskoekje (Graham cracker) kruimels

100 g / 4 oz / 1 kop pepermuntchocolade, in stukjes gebroken

Plaats het ongeopende blikje gecondenseerde melk in een pan met voldoende water om het blikje te bedekken. Breng aan de kook, dek af en laat 3 uur sudderen, indien nodig bijvullen met kokend water. Laat afkoelen, open dan het blik en verwijder de karamel.

Verwarm 500 ml/17 fl oz/2¼ kopjes melk met de karamel, breng aan de kook en roer tot het gesmolten is. Meng het custardpoeder tot een pasta met de resterende melk, roer het dan in de pan en blijf sudderen tot het ingedikt is, onder voortdurend roeren. Strooi de helft van de koekkruimels over de bodem van een ingevette 20 cm/8 in vierkante cakevorm (pan), schep de helft van de karamelvla erop en bestrooi met de helft van de chocolade. Herhaal de lagen en laat afkoelen. Koel af en snijd in porties om te serveren.

Rijstkoekjes

Maakt 24

175 g/6 oz/½ kopje heldere honing

225 g/8 oz/1 kop kristalsuiker

60 ml/4 eetlepels water

350 g/12 oz/1 doos gepofte rijst granen

100 g / 4 oz / 1 kop geroosterde pinda's

Smelt de honing, suiker en water in een grote pan en laat 5 minuten afkoelen. Roer de granen en pinda's erdoor. Rol er balletjes van, plaats in papieren cakevormpjes (cupcakepapier) en laat afkoelen en opstijven.

Rijst en Chocolade Toffette

Voor 225 g/8 oz

50 g/2 oz/¼ kopje boter of margarine

30 ml/2 eetlepels gouden (lichte maïs) siroop

30 ml/2 el cacaopoeder (ongezoete chocolade)

60 ml/4 eetlepels (superfijne) basterdsuiker

50 g/2 oz/½ kopje gemalen rijst

Smelt de boter en de siroop. Roer de cacao en suiker erdoor tot ze zijn opgelost en roer dan de gemalen rijst erdoor. Breng zachtjes aan de kook, zet het vuur lager en laat 5 minuten zachtjes sudderen, onder voortdurend roeren. Schep in een ingevette en met bakpapier beklede vierkante bakvorm (pan) van 20 cm/8 in en laat iets afkoelen. Snijd in vierkanten en laat ze volledig afkoelen voordat je ze uit de vorm haalt.

Amandelpasta

Bedekt de boven- en zijkanten van een taart van 23 cm/9 inch

225 g/8 oz/2 kopjes gemalen amandelen

225 g/8 oz/11/3 kopjes poedersuiker (banketbakkers), gezeefd

225 g/8 oz/1 kop (superfijne) suiker

2 eieren, licht geklopt

10 ml/2 tl citroensap

Een paar druppels amandelessence (extract)

Klop de amandelen en suikers door elkaar. Meng er geleidelijk de overige ingrediënten door tot je een gladde pasta hebt. Wikkel in huishoudfolie (plasticfolie) en laat afkoelen voor gebruik.

Suikervrije Amandelpasta

Bedekt de boven- en zijkanten van een taart van 15 cm/6 inch

100 g / 4 oz / 1 kop gemalen amandelen

50 g/2 oz/½ kopje fructose

25 g/1 oz/¼ kopje maizena (maizena)

1 ei, licht geklopt

Mix alle ingrediënten tot je een gladde pasta hebt. Wikkel in huishoudfolie (plasticfolie) en laat afkoelen voor gebruik.

Koninklijk Suikerglazuur

Bedekt de boven- en zijkanten van een taart van 20 cm/8 inch

5 ml/1 tl citroensap

2 eiwitten

450 g/1 lb/22/3 kopjes poedersuiker (banketbakkers), gezeefd

5 ml/1 theelepel glycerine (optioneel)

Meng het citroensap en de eiwitten en klop geleidelijk de poedersuiker erdoor tot het glazuur (glazuur) glad en wit is en de achterkant van een lepel bedekt. Een paar druppels glycerine zorgen ervoor dat het glazuur niet te broos wordt. Dek af met een vochtige doek en laat 20 minuten staan zodat eventuele luchtbellen naar de oppervlakte kunnen stijgen.

Suikerglazuur van deze consistentie kan op de cake worden gegoten en gladgestreken met een mes dat in heet water is gedompeld. Voeg voor het bieselen extra poedersuiker toe zodat het glazuur stijf genoeg is om in pieken te blijven staan.

Suikervrij glazuur

Maakt genoeg om een taart van 15 cm/6 in te bedekken

50 g/2 oz/½ kopje fructose

Een snufje zout

1 eiwit

2,5 ml/½ tl citroensap

Verwerk het fructosepoeder in een keukenmachine tot het zo fijn is als poedersuiker. Meng in het zout. Doe over in een hittebestendige kom en klop het eiwit en het citroensap erdoor. Zet de kom op een pan met zacht kokend water en blijf kloppen tot er stijve pieken ontstaan. Haal van het vuur en klop tot het afgekoeld is.

Fondantsuikerglazuur

Maakt genoeg om een taart van 20 cm te bedekken

450 g/1 lb/2 kopjes caster (superfijn) of forfaitaire suiker

150 ml/¼ pt/2/3 kopje water

15 ml/1 el vloeibare glucose of 2,5 ml/½ tl tartaarroom

Los de suiker in het water in een grote pan met dikke bodem op laag vuur op. Veeg de zijkanten van de pan af met een borstel gedrenkt in koud water om de vorming van kristallen te voorkomen. Los de cream of tartar op in een beetje water en roer door de pan. Breng aan de kook en kook gestaag tot 115 °C/242°F wanneer een druppel glazuur een zachte bal vormt wanneer deze in koud water valt. Giet de siroop langzaam in een hittebestendige kom en laat staan tot er een vel ontstaat. Klop het glazuur met een houten lepel tot het ondoorzichtig en stevig wordt. Kneed tot een gladde massa. Verwarm in een hittebestendige kom boven een pan met heet water om, indien nodig, zacht te worden voor gebruik.

Boterglazuur

Maakt genoeg om een taart van 20 cm te vullen en te bedekken

100 g/4 oz/½ kopje boter of margarine, verzacht

225 g / 8 oz/11/3 kopjes poedersuiker (banketbakkers), gezeefd

30 ml/2 el melk

Klop de boter of margarine tot ze zacht zijn. Klop geleidelijk de poedersuiker en melk erdoor tot alles goed gemengd is.

Chocolade boter glazuur

Maakt genoeg om een taart van 20 cm te vullen en te bedekken

30 ml/2 el cacaopoeder (ongezoete chocolade)

15 ml/1 el kokend water

100 g/4 oz/½ kopje boter of margarine, verzacht

225 g/8 oz/11/3 kopjes poedersuiker (banketbakkers), gezeefd

15 ml/1 el melk

Mix de cacao tot een papje met het kokende water en laat afkoelen.
Klop de boter of margarine tot ze zacht zijn. Klop geleidelijk het
poedersuiker, melk en cacaomengsel erdoor tot alles goed
gemengd is.

Witte chocolade boter glazuur

Maakt genoeg om een taart van 20 cm te vullen en te bedekken

100 g / 4 oz / 1 kop witte chocolade

100 g/4 oz/½ kopje boter of margarine, verzacht

225 g/8 oz/11/3 kopjes poedersuiker (banketbakkers), gezeefd

15 ml/1 el melk

Smelt de chocolade in een hittebestendige kom die boven een pan met zacht kokend water staat en laat iets afkoelen. Klop de boter of margarine tot ze zacht zijn. Klop geleidelijk de poedersuiker, melk en chocolade erdoor tot alles goed gemengd is.

Koffiebotersuikerglazuur

Maakt genoeg om een taart van 20 cm te vullen en te bedekken

100 g/4 oz/½ kopje boter of margarine, verzacht

225 g / 8 oz/11/3 kopjes poedersuiker (banketbakkers), gezeefd

15 ml/1 el melk

15 ml/1 el koffie-essence (extract)

Klop de boter of margarine tot ze zacht zijn. Klop geleidelijk de poedersuiker, melk en koffie-essence erdoor tot alles goed gemengd is.

Citroenboterglazuur

Maakt genoeg om een taart van 20 cm te vullen en te bedekken

100 g/4 oz/½ kopje boter of margarine, verzacht

225 g / 8 oz/11/3 kopjes poedersuiker (banketbakkers), gezeefd

30 ml/2 el citroensap

Geraspte schil van 1 citroen

Klop de boter of margarine tot ze zacht zijn. Klop geleidelijk de poedersuiker, het citroensap en de schil erdoor tot alles goed gemengd is.

Sinaasappelboterglazuur

Maakt genoeg om een taart van 20 cm te vullen en te bedekken

100 g/4 oz/½ kopje boter of margarine, verzacht

225 g / 8 oz/11/3 kopjes poedersuiker (banketbakkers), gezeefd

30 ml/2 el sinaasappelsap

Geraspte schil van 1 sinaasappel

Klop de boter of margarine tot ze zacht zijn. Klop geleidelijk de poedersuiker, het sinaasappelsap en de schil erdoor tot alles goed gemengd is.

Roomkaasglazuur

Maakt genoeg om een taart van 25 cm/9 in te bedekken

75 g/3 oz/1/3 kopje roomkaas

30 ml/2 el boter of margarine

350 g/12 oz/2 kopjes poedersuiker (banketbakkers), gezeefd

5 ml/1 tl vanille-essence (extract)

Klop de kaas en boter of margarine door elkaar tot het licht en luchtig is. Klop geleidelijk de poedersuiker en vanille-essence erdoor tot je een glad, romig glazuur hebt.

Oranje glazuur

Maakt genoeg om een taart van 25 cm/9 in te bedekken

250 g/9 oz/1½ kopjes poedersuiker (banketbakkers), gezeefd

30 ml/2 el boter of margarine, zacht

Een paar druppels amandelessence (extract)

60 ml/4 eetlepels sinaasappelsap

Doe de poedersuiker in een kom en meng de boter of margarine en de amandelessence erdoor. Meng er geleidelijk genoeg van het sinaasappelsap door om een stevig glazuur te maken.

Sinaasappellikeursuikerglazuur

Maakt genoeg om een taart van 20 cm te bedekken

100 g/4 oz/½ kopje boter of margarine, verzacht

450 g/1 lb/22/3 kopjes poedersuiker (banketbakkers), gezeefd

60 ml/4 eetlepels sinaasappellikeur

15 ml/1 el geraspte sinaasappelschil

Klop de boter of mar-garine en suiker luchtig en luchtig. Klop er voldoende van de sinaasappellikeur door om een smeerbare consistentie te krijgen en roer dan de sinaasappelschil erdoor.

Haver- en rozijnenkoekjes

Maakt 20

175 g/6 oz/¾ kopje gewone bloem (voor alle doeleinden)

150 g/5 oz/1¼ kopjes havermout

5 ml/1 tl gemberpoeder

2,5 ml/½ tl bakpoeder

2,5 ml/½ tl bicarbonaat (baking soda)

100 g/4 oz/½ kopje zachte bruine suiker

50 g/2 oz/1/3 kopje rozijnen

1 ei, licht geklopt

150 ml/¼ pt/2/3 kopje olie

60 ml/4 eetlepels melk

Meng de droge ingrediënten, roer de rozijnen erdoor en maak een kuiltje in het midden. Voeg het ei, de olie en de melk toe en mix tot een zacht deeg. Schep lepels van het mengsel op een niet ingevette bakplaat (koekjes) en druk ze iets plat met een vork. Bak in een voorverwarmde oven op 200°C/400°F/gasstand 6 gedurende 10 minuten goudbruin.

Gekruide Havermoutkoekjes

Maakt 30

100 g/4 oz/½ kopje boter of margarine, verzacht

100 g/4 oz/½ kopje zachte bruine suiker

100 g/4 oz/½ kop (superfijne) suiker

1 ei

2,5 ml/½ tl vanille-essence (extract)

100 g / 4 oz / 1 kop gewone bloem (voor alle doeleinden)

2,5 ml/½ tl bicarbonaat (baking soda)

Een snufje zout

5 ml/1 tl gemalen kaneel

Een snufje geraspte nootmuskaat

100 g/4 oz/1 kop gerolde haver

50 g/2 oz/½ kop gehakte gemengde noten

50 g/2 oz/½ kopje chocoladeschilfers

Klop de boter of margarine en de suikers luchtig en luchtig. Klop geleidelijk het ei en de vanille-essence erdoor. Meng de bloem, het natriumbicarbonaat, het zout en de kruiden door elkaar en voeg toe aan het mengsel. Roer de havermout, noten en chocoladeschilfers erdoor. Laat ronde theelepels op een ingevette bakplaat (koekjes) vallen en bak de koekjes (koekjes) in een voorverwarmde oven op 180°C/ 350°F/gasstand 4 gedurende 10 minuten tot ze lichtbruin zijn.

Volkoren Haverkoekjes

Maakt 24

100 g/4 oz/½ kopje boter of margarine

200 g/7 oz/1¾ kopjes havermout

75 g/3 oz/¾ kopje volkoren (volkoren) meel

50 g/2 oz/½ kopje gewone bloem (voor alle doeleinden)

5 ml/1 tl bakpoeder

50 g/2 oz/¼ kopje demerarasuiker

1 ei, licht geklopt

30 ml/2 el melk

Wrijf de boter of margarine door de havermout, bloem en bakpoeder tot het mengsel op broodkruim lijkt. Roer de suiker erdoor en meng het ei en de melk erdoor tot een stevig deeg. Rol het deeg op een licht met bloem bestoven oppervlak uit tot een dikte van ongeveer 1 cm en snijd er rondjes uit met een uitsteker van 5 cm. Leg de koekjes (koekjes) op een ingevette bakplaat (koekjes) en bak ze in een voorverwarmde oven op 190°C/375°F/gasstand 5 ongeveer 15 minuten goudbruin.

Oranje Koekjes

Maakt 24

100 g/4 oz/½ kopje boter of margarine, verzacht

50 g/2 oz/¼ kopje (superfijne) suiker

Geraspte schil van 1 sinaasappel

150 g/5 oz/1¼ kopjes zelfrijzend bakmeel

Klop de boter of margarine en suiker luchtig en luchtig. Werk in de sinaasappelschil en meng er dan de bloem door tot een stijf mengsel. Vorm grote ballen ter grootte van een walnoot en leg ze goed uit elkaar op een ingevette bakplaat (koekjes) en druk ze vervolgens lichtjes aan met een vork om ze plat te maken. Bak de koekjes (koekjes) in een voorverwarmde oven op 180°C/350°F/gasstand 4 gedurende 15 minuten goudbruin.

Sinaasappel- en citroenkoekjes

Maakt 30

50 g/2 oz/¼ kopje boter of margarine, verzacht

75 g/3 oz/1/3 kopje basterdsuiker (superfijne) suiker

1 eigeel

Geraspte schil van ½ sinaasappel

15 ml/1 el citroensap

150 g/5 oz/1¼ kopjes gewone bloem (voor alle doeleinden)

2,5 ml/½ tl bakpoeder

Een snufje zout

Klop de boter of margarine en suiker luchtig en luchtig. Meng geleidelijk de eidooier, de sinaasappelschil en het citroensap erdoor en spatel dan de bloem, het bakpoeder en het zout erdoor tot een stevig deeg. Wikkel en vershoudfolie (plasticfolie) en laat 30 minuten afkoelen.

Rol op een licht met bloem bestoven werkvlak uit tot een dikte van ongeveer 5 mm en steek er met een koekjesvormpje vormpjes uit. Leg de koekjes op een ingevette bakplaat en bak ze 10 minuten in een voorverwarmde oven op 190°C/375°F/gasstand 5.

Sinaasappel- en walnootkoekjes

Maakt 16

100 g/4 oz/½ kopje boter of margarine

75 g/3 oz/1/3 kopje basterdsuiker (superfijne) suiker

Geraspte schil van ½ sinaasappel

150 g/5 oz/1¼ kopjes zelfrijzend bakmeel

50 g/2 oz/½ kopje walnoten, gemalen

Klop de boter of margarine met 50 g suiker en de sinaasappelschil glad en romig. Voeg de bloem en de noten toe en klop opnieuw tot het mengsel bij elkaar begint te komen. Vorm er balletjes van en druk ze plat op een ingevette bakplaat (koekjes). Bak de koekjes (koekjes) in een voorverwarmde oven op 190°C/375 °F/gasstand 5 gedurende 10 minuten tot ze bruin zijn aan de randen. Bestrooi met de achtergehouden suiker en laat iets afkoelen voordat je het op een rooster legt om af te koelen.

Sinaasappel- en chocoladekoekjes

Maakt 30

50 g/2 oz/¼ kopje boter of margarine, verzacht

75 g/3 oz/1/3 kop reuzel (bakvet)

175 g/6 oz/¾ kopje zachte bruine suiker

100 g/7 oz/1¾ kopjes volkoren (volkoren) meel

75 g/3 oz/¾ kopje gemalen amandelen

10 ml/2 tl bakpoeder

75 g/3 oz/¾ kopje chocoladedruppels

Geraspte schil van 2 sinaasappels

15 ml/1 el sinaasappelsap

1 ei

Caster (superfijne) suiker om te bestrooien

Klop de boter of margarine, reuzel en bruine suiker luchtig en luchtig. Voeg de overige ingrediënten behalve de basterdsuiker toe en mix tot een deeg. Rol op een met bloem bestoven werkvlak uit tot een dikte van 5 mm en steek er met een biscuit (koekjes) uitsteker koekjes uit. Schik op een ingevette bakplaat (koekjes) en bak in een voorverwarmde oven op 180°C/350°F/gasstand 4 gedurende 20 minuten goudbruin.

Gekruide Sinaasappelkoekjes

Maakt 10

225 g/8 oz/2 kopjes gewone bloem (voor alle doeleinden)

2,5 ml/½ tl gemalen kaneel

Een snufje gemengde (appeltaart)kruiden

75 g/3 oz/1/3 kopje basterdsuiker (superfijne) suiker

150 g boter of margarine, verzacht

2 eidooiers

Geraspte schil van 1 sinaasappel

75 g/3 oz/¾ kopje pure (halfzoete) chocolade

Meng de bloem en de kruiden door elkaar en roer de suiker erdoor. Klop de boter of margarine, eidooiers en sinaasappelschil erdoor en mix tot een glad deeg. Wikkel in huishoudfolie (plasticfolie) en laat 1 uur afkoelen.

Schep het deeg in een spuitzak voorzien van een grote stervormige spuitmond (tip) en spuit lengtes op een ingevette bakplaat (koekjes). Bak in een voorverwarmde oven op 190°C/375°F/gasstand 5 gedurende 10 minuten goudbruin. Laat afkoelen.

Smelt de chocolade in een hittebestendige kom die boven een pan zacht kokend water staat. Doop de uiteinden van de koekjes in de gesmolten chocolade en laat ze op een vel bakpapier stollen.

Pindakaaskoekjes

Maakt 18

100 g/4 oz/½ kopje boter of margarine, verzacht

100 g/4 oz/½ kop (superfijne) suiker

100 g krokante of gladde pindakaas

60 ml/4 eetlepels gouden (lichte maïs) siroop

15 ml/1 el melk

175 g/6 oz/1½ kopjes bloem voor alle doeleinden

2,5 ml/½ tl bicarbonaat (baking soda)

Klop de boter of margarine en suiker luchtig en luchtig. Meng de pindakaas erdoor, gevolgd door de siroop en melk. Meng de bloem en het natriumbicarbonaat en meng dit door het mengsel, kneed dan tot een gladde massa. Vorm tot een blok en laat afkoelen tot het stevig is.

Snijd in plakken van 5 mm dik en schik ze op een licht ingevette bakplaat (koekjes). Bak de koekjes (koekjes) in een voorverwarmde oven op 180°C/350°F/gasstand 4 gedurende 12 minuten goudbruin.

Pindakaas en Chocolade Wervelingen

Maakt 24

50 g/2 oz/¼ kopje boter of margarine, verzacht

50 g/2 oz/¼ kopje zachte bruine suiker

50 g/2 oz/¼ kopje (superfijne) suiker

50 g/2 oz/¼ kop gladde pindakaas

1 eigeel

75 g/3 oz/¾ kopje gewone bloem (voor alle doeleinden)

2,5 ml/½ tl bicarbonaat (baking soda)

50 g/2 oz/½ kopje pure (halfzoete) chocolade

Klop de boter of margarine en de suikers luchtig en luchtig. Meng geleidelijk de pindakaas erdoor en vervolgens de eidooier. Meng de bloem en het natriumbicarbonaat en klop dit door het mengsel tot een stevig deeg. Smelt ondertussen de chocolade in een hittebestendige kom die boven een pan met zacht kokend water staat. Rol het deeg uit tot 30 x 46 cm/12 x 18 in en bestrijk met de gesmolten chocolade tot bijna aan de randen. Rol vanaf de lange kant op, wikkel in huishoudfolie (plasticfolie) en laat afkoelen tot het stevig is.

Snijd de rol in plakken van 5 mm/¼ en leg ze op een niet ingevette bakplaat. Bak in een voorverwarmde oven op 180°C/350°F/gasstand 4 gedurende 10 minuten goudbruin.

Haver Pindakaas Koekjes

Maakt 24

75 g/3 oz/1/3 kop boter of margarine, verzacht

75 g/3 oz/1/3 kop pindakaas

150 g/5 oz/2/3 kop zachte bruine suiker

1 ei

50 g/2 oz/½ kopje gewone bloem (voor alle doeleinden)

2,5 ml/½ tl bakpoeder

Een snufje zout

Een paar druppels vanille-essence (extract)

75 g/3 oz/¾ kopje havermout

40 g/1½ oz/1/3 kop chocoladeschilfers

Klop de boter of margarine, pindakaas en suiker luchtig en luchtig.
Klop er geleidelijk het ei door. Spatel de bloem, het bakpoeder en
het zout erdoor. Roer de vanille-essence, havermout en
chocoladeschilfers erdoor. Schep lepels op een ingevette bakplaat
(koekjes) en bak de koekjes (koekjes) in een voorverwarmde oven
op 180°C/350°F/gasstand 4 gedurende 15 minuten.

Pindakaaskoekjes met honing en kokosnoot

Maakt 24

120 ml/4 fl oz/½ kopje olie

175 g/6 oz/½ kopje heldere honing

175 g/6 oz/¾ kop knapperige pindakaas

1 ei, losgeklopt

100 g/4 oz/1 kop gerolde haver

225 g / 8 oz / 2 kopjes volkoren (volkoren) meel

50 g/2 oz/½ kopje gedroogde (versnipperde) kokosnoot

Meng de olie, honing, pindakaas en ei door elkaar en roer de overige ingrediënten erdoor. Schep lepels op een ingevette bakplaat (koekjes) en druk ze een beetje plat tot ze ongeveer 6 mm dik zijn. Bak de koekjes (koekjes) in een voorverwarmde oven op 180°C/350°F/gasstand 4 gedurende 12 minuten goudbruin.

Pecannoten Koekjes

Maakt 24

100 g/4 oz/½ kopje boter of margarine, verzacht

45 ml/3 el zachte bruine suiker

100 g / 4 oz / 1 kop gewone bloem (voor alle doeleinden)

Een snufje zout

5 ml/1 tl vanille-essence (extract)

100 g / 4 oz / 1 kop pecannoten, fijngehakt

Poedersuiker (banketbakkers)suiker, gezeefd, om te bestuiven

Klop de boter of margarine en suiker luchtig en luchtig. Klop geleidelijk de overige ingrediënten erdoor, behalve de poedersuiker. Vorm balletjes van 3 cm/1½ en leg ze op een ingevette bakplaat (koekjes). Bak de koekjes (koekjes) in een voorverwarmde oven op 160°C/325°F/gasstand 3 gedurende 15 minuten goudbruin. Serveer bestrooid met poedersuiker.

Pinwheel koekjes

Maakt 24

175 g/6 oz/1½ kopjes bloem voor alle doeleinden

5 ml/1 tl bakpoeder

Een snufje zout

75 g/3 oz/1/3 kop boter of margarine

75 g/3 oz/1/3 kopje basterdsuiker (superfijne) suiker

Een paar druppels vanille-essence (extract)

20 ml/4 tl water

10 ml/2 tl cacaopoeder (ongezoete chocolade)

Meng de bloem, het bakpoeder en het zout en wrijf de boter of margarine erdoor tot het mengsel op broodkruim lijkt. Roer de suiker erdoor. Voeg de vanille-essence en het water toe en mix tot een glad deeg. Vorm tot een bal en snij vervolgens doormidden. Werk de cacao in de ene helft van het deeg. Rol elk stuk deeg uit tot een rechthoek van 25 x 18 cm/10 x 7 en leg deze op elkaar. Rol voorzichtig zodat ze aan elkaar plakken. Rol het deeg vanaf de lange kant op en druk het voorzichtig aan. Wikkel in huishoudfolie (plasticfolie) en laat ongeveer 30 minuten afkoelen.

Snijd in plakken van 2,5 cm dik en schik ze, goed uit elkaar, op een ingevette bakplaat. Bak de koekjes (koekjes) in een voorverwarmde oven op 180°C/350°F/gasstand 4 gedurende 15 minuten goudbruin.

Snelle karnemelkkoekjes

Maakt 12

75 g/3 oz/1/3 kop boter of margarine

225 g/8 oz/2 kopjes gewone bloem (voor alle doeleinden)

15 ml/1 el bakpoeder

2,5 ml/½ tl zout

175 ml/6 fl oz/¾ kopje karnemelk

Poedersuiker (banketbakkers)suiker, gezeefd, om te bestuiven (optioneel)

Wrijf de boter of margarine door de bloem, het bakpoeder en het zout tot het mengsel op broodkruim lijkt. Voeg beetje bij beetje de karnemelk toe tot een zacht deeg. Rol het mengsel op een licht met bloem bestoven werkvlak uit tot een dikte van ongeveer 2 cm en steek er met een koekjessteker rondjes uit. Leg de koekjes op een ingevette bakplaat (koekjes) en bak ze in een voorverwarmde oven op 230°C/450°F/gasstand 8 gedurende 10 minuten goudbruin. Bestuif eventueel met poedersuiker.

Rozijnen Koekjes

Maakt 24

100 g/4 oz/½ kopje boter of margarine, verzacht

50 g/2 oz/¼ kopje (superfijne) suiker

Geraspte schil van 1 citroen

50 g/2 oz/1/3 kopje rozijnen

150 g/5 oz/1¼ kopjes zelfrijzend bakmeel

Klop de boter of margarine en suiker luchtig en luchtig. Werk in de citroenschil, meng er dan de rozijnen en bloem door tot een stijf mengsel. Vorm grote ballen ter grootte van een walnoot en leg ze goed uit elkaar op een ingevette bakplaat (koekjes) en druk ze vervolgens lichtjes aan met een vork om ze plat te maken. Bak de koekjes (koekjes) in een voorverwarmde oven op 180°C/350°F/gasstand 4 gedurende 15 minuten goudbruin.

Zachte rozijnenkoekjes

Maakt 36

100 g/4 oz/2/3 kopje rozijnen

90 ml/6 el kokend water

50 g/2 oz/¼ kopje boter of margarine, verzacht

175 g/6 oz/¾ cup (superfijne) suiker

1 ei, licht geklopt

2,5 ml/½ tl vanille-essence (extract)

175 g/6 oz/1½ kopjes bloem voor alle doeleinden

2,5 ml/½ tl bakpoeder

1,5 ml/¼ tl bicarbonaat (baking soda)

2,5 ml/½ tl zout

2,5 ml/½ tl gemalen kaneel

Een snufje geraspte nootmuskaat

50 g/2 oz/½ kop gehakte gemengde noten

Doe de rozijnen en het kokende water in een pan, breng aan de kook, dek af en laat 3 minuten sudderen. Laat afkoelen. Klop de boter of margarine en suiker luchtig en luchtig. Klop geleidelijk het ei en de vanille-essence erdoor. Spatel de bloem, bakpoeder, baksoda, zout en kruiden afwisselend met de rozijnen en het weekvocht erdoor. Roer de noten erdoor en mix tot een zacht deeg. Wikkel in huishoudfolie (plasticfolie) en laat minimaal 1 uur afkoelen.

Leg lepels deeg op een ingevette bakplaat (koekjes) en bak de koekjes (koekjes) in een voorverwarmde oven op 180°C/350°F/gasstand 4 in 10 minuten goudbruin.

Schijfjes rozijnen en stroop

Maakt 24

25 g/2 el boter of margarine, verzacht

100 g/4 oz/½ kop (superfijne) suiker

1 eigeel

30 ml/2 el zwarte stroop (melasse)

75 g/3 oz/½ kopje krenten

150 g/5 oz/1¼ kopjes gewone bloem (voor alle doeleinden)

5 ml/1 tl bicarbonaat (baking soda)

5 ml/1 tl gemalen kaneel

Een snufje zout

30 ml/2 el koude zwarte koffie

Klop de boter of margarine en suiker luchtig en luchtig. Klop geleidelijk de eidooier en de stroop erdoor en roer dan de krenten erdoor. Meng de bloem, soda, kaneel en zout door elkaar en roer dit door de koffie. Dek af en koel het mengsel.

Rol uit tot een vierkant van 30 cm/12 inch en rol het vervolgens op tot een blok. Leg ze op een ingevette bakplaat (koekjes) en bak ze in een voorverwarmde oven op 180°C/350°F/gasstand 4 gedurende 15 minuten tot ze stevig aanvoelen. Snijd in plakjes en laat afkoelen op een rooster.

Ratafia Koekjes

Maakt 16

100 g/4 oz/½ kopje kristalsuiker

50 g/2 oz/¼ kopje gemalen amandelen

15 ml/1 el gemalen rijst

1 eiwit

25 g/1 oz/¼ kopje geschaafde (geschaafde) amandelen

Meng de suiker, gemalen amandelen en gemalen rijst. Klop het eiwit erdoor en blijf nog 2 minuten kloppen. Spuit koekjes ter grootte van een walnoot (koekjes) op een bakplaat (koekjes) bekleed met rijstpapier met behulp van een 5 mm/¼ in gewoon mondstuk (tip). Leg op elk koekje een geschaafde amandel. Bak in een voorverwarmde oven op 190°C/375°F/gasstand 5 gedurende 15 minuten goudbruin.

Rijst- en mueslikoekjes

Maakt 24

75 g/3 oz/¼ kop gekookte bruine rijst

50 g/2 oz/½ kopje muesli

75 g/3 oz/¾ kopje volkoren (volkoren) meel

2,5 ml/½ tl zout

2,5 ml/½ tl bicarbonaat (baking soda)

5 ml/1 tl gemalen gemengde (appeltaart) kruiden

30 ml/2 el heldere honing

75 g/3 oz/1/3 kop boter of margarine, verzacht

Meng de rijst, muesli, bloem, zout, natriumbicarbonaat en gemengde kruiden. Klop de honing en boter of margarine tot ze zacht zijn. Klop door het rijstmengsel. Vorm van het mengsel balletjes ter grootte van een walnoot en leg ze goed uit elkaar op ingevette bakplaten (koekjes). Druk iets plat en bak in een voorverwarmde oven op 190°C/375°F/gasstand 5 gedurende 15 minuten of tot ze goudbruin zijn. Laat 10 minuten afkoelen en leg ze vervolgens op een rooster om af te koelen. Bewaar in een luchtdichte verpakking.

Romany Crèmes

Maakt 10

25 g/1 oz/2 eetlepels reuzel (bakvet)

25 g/2 el boter of margarine, verzacht

50 g/2 oz/¼ kopje zachte bruine suiker

2,5 ml/½ theelepel gouden (lichte maïs)siroop

50 g/2 oz/½ kopje gewone bloem (voor alle doeleinden)

Een snufje zout

25 g/1 oz/¼ kopje havermout

2,5 ml/½ tl gemalen gemengde (appeltaart) kruiden

2,5 ml/½ tl bicarbonaat (baking soda)

10 ml/2 tl kokend water

Boterglazuur

Klop het reuzel, de boter of margarine en de suiker luchtig en luchtig. Klop de siroop erdoor, voeg dan de bloem, het zout, de haver en de gemengde kruiden toe en roer tot alles goed gemengd is. Los het natriumbicarbonaat op in het water en meng dit tot een stevig deeg. Vorm 20 kleine balletjes van gelijke grootte en leg ze goed uit elkaar op ingevette bakplaten (koekjes). Druk een beetje plat met de palm van je hand. Bak in een voorverwarmde oven op 160°C/325°F/gasstand 3 gedurende 15 minuten. Laat afkoelen op de bakplaten. Als ze zijn afgekoeld, sandwich paren koekjes samen met de botersuikerglazuur (glazuur).

Zandkoekjes

Maakt 48

100 g boter of harde margarine, verzacht

225 g/8 oz/1 kop zachte bruine suiker

1 ei, licht geklopt

225 g/8 oz/2 kopjes gewone bloem (voor alle doeleinden)

Eiwit om te glazuren

30 ml/2 el gemalen pinda's

Klop de boter of margarine en suiker luchtig en luchtig. Klop het ei erdoor en meng er dan de bloem door. Rol zeer dun uit op een licht met bloem bestoven werkvlak en steek er met een biscuit (koekjes) uitsteker vormpjes uit. Leg de koekjes op een ingevette bakplaat, bestrijk de bovenkanten met eiwit en bestrooi met pinda's. Bak in een voorverwarmde oven op 180°C/350°F/gasstand 4 gedurende 10 minuten goudbruin.

Koekjes met zure room

Maakt 24

50 g/2 oz/¼ kopje boter of margarine, verzacht

175 g/6 oz/¾ cup (superfijne) suiker

1 ei

60 ml/4 eetlepels zure (zuivelzure) room

2. 5 ml/½ tl vanille-essence (extract)

150 g/5 oz/1¼ kopjes gewone bloem (voor alle doeleinden)

2,5 ml/½ tl bakpoeder

75 g/3 oz/½ kopje rozijnen

Klop de boter of margarine en suiker luchtig en luchtig. Klop geleidelijk het ei, de room en de vanille-essence erdoor. Meng de bloem, het bakpoeder en de rozijnen en roer dit door het mengsel tot het goed gemengd is. Laat ronde theelepels van het mengsel op licht ingevette bakplaten (koekjes) vallen en bak in een voorverwarmde oven op 180 ° C / 350 ° F / gasstand 4 gedurende ongeveer 10 minuten tot ze net goudbruin zijn.

Koekjes met bruine suiker

Maakt 24

100 g/4 oz/½ kopje boter of margarine, verzacht

100 g/4 oz/½ kopje zachte bruine suiker

1 ei, licht geklopt

2,5 ml/1 tl vanille-essence (extract)

150 g/5 oz/1¼ kopjes gewone bloem (voor alle doeleinden)

2,5 ml/½ tl bicarbonaat (baking soda)

Een snufje zout

75 g/3 oz/½ kopje sultanarozijnen (gouden rozijnen)

Klop de boter of margarine en suiker luchtig en luchtig. Klop geleidelijk het ei en de vanille-essence erdoor. Roer de overige ingrediënten erdoor tot een gladde massa. Laat ronde theelepels goed uit elkaar vallen op een licht ingevette bakplaat (koekjes). Bak de koekjes (koekjes) in een voorverwarmde oven op 180°C/350°F/gasstand 4 gedurende 12 minuten goudbruin.

Suiker en nootmuskaatkoekjes

Maakt 24

50 g/2 oz/¼ kopje boter of margarine, verzacht

100 g/4 oz/½ kop (superfijne) suiker

1 eigeel

2,5 ml/½ tl vanille-essence (extract)

150 g/5 oz/1¼ kopjes gewone bloem (voor alle doeleinden)

5 ml/1 tl bakpoeder

Een snufje geraspte nootmuskaat

60 ml/4 eetlepels zure (zuivelzure) room

Klop de boter of margarine en suiker luchtig en luchtig. Klop de eidooier en vanille-essence erdoor en roer er dan de bloem, het bakpoeder en de nootmuskaat door. Mix de room erdoor tot een gladde massa. Dek af en laat 30 minuten afkoelen.

Rol het deeg uit tot een dikte van 5 mm/ en snij met een koekjesvorm (koekjes) rondjes van 5 cm/2. Leg de koekjes op een niet ingevette bakplaat (koekjes) en bak ze in een voorverwarmde oven op 200°C/400°F/gasstand 6 gedurende 10 minuten goudbruin.

Zandkoek

Maakt 8

150 g/5 oz/1¼ kopjes gewone bloem (voor alle doeleinden)

Een snufje zout

25 g/1 oz/¼ kopje rijstmeel of gemalen rijst

50 g/2 oz/¼ kopje (superfijne) suiker

100 g boter of harde margarine, gekoeld en geraspt

Meng de bloem, het zout en het rijstmeel of de gemalen rijst. Roer de suiker erdoor en vervolgens de boter of margarine. Bewerk het mengsel met de vingertoppen tot het op broodkruim lijkt. Druk in een sandwichvorm (pan) van 18 cm/7 en egaliseer de bovenkant. Prik met een vork overal in en markeer in acht gelijke partjes, doorsnijdend tot aan de basis. Koel gedurende 1 uur.

Bak in een voorverwarmde oven op 150°C/300°F/gasstand 2 gedurende 1 uur tot ze bleek strokleurig zijn. Laat afkoelen in de vorm voordat je ze omdraait.

Kerst zandkoek

Maakt 12

175 g/6 oz/¾ kopje boter of margarine

250 g/9 oz/2¼ kopjes gewone bloem (voor alle doeleinden)

75 g/3 oz/1/3 kopje basterdsuiker (superfijne) suiker

Voor de topping:

15 ml/1 el amandelen, gehakt

15 ml/1 el walnoten, gehakt

30 ml/2 el rozijnen

30 ml/2 el glacé (gekonfijte) kersen, gehakt

Geraspte schil van 1 citroen

15 ml/1 el (superfijne) basterdsuiker om te bestrooien

Wrijf de boter of margarine door de bloem tot het mengsel op broodkruim lijkt. Roer de suiker erdoor. Druk het mengsel samen tot een pasta en kneed tot een gladde massa. Druk in een ingevette Swiss roll-vorm (jelly roll pan) en egaliseer het oppervlak. Meng de ingrediënten voor de topping en druk ze in de pasta. Markeer in 12 vingers en bak vervolgens 30 minuten in een voorverwarmde oven op 180°C/350°F/gasstand 4. Bestrooi met basterdsuiker, snij in vingers en laat afkoelen in de vorm.

Honingkoekjes

Maakt 12

100 g/4 oz/½ kopje boter of margarine, verzacht

75 g/3 oz/¼ kopjes set honing

200 g/7 oz/1¾ kopjes volkoren (volkoren) meel

25 g/1 oz/¼ kopje bruine rijstmeel

Geraspte schil van 1 citroen

Mix de boter of margarine en honing tot ze zacht zijn. Roer de bloem en citroenschil erdoor en werk tot een zacht deeg. Druk in een ingevette en met bloem bestoven cakevorm (vorm) of zandkoekvorm van 18 cm/7 en prik met een vork overal in. Markeer in 12 partjes en knijp de randen. Koel gedurende 1 uur.

Bak in een voorverwarmde oven op 150°C/300°F/gasstand 2 gedurende 40 minuten tot ze goudbruin zijn. Snijd in de gemarkeerde stukken en laat afkoelen in de vorm.

Citroen zandkoek

Maakt 12

100 g / 4 oz / 1 kop gewone bloem (voor alle doeleinden)

50 g/2 oz/½ kopje maizena (maizena)

100 g/4 oz/½ kopje boter of margarine, verzacht

50 g/2 oz/¼ kopje (superfijne) suiker

Geraspte schil van 1 citroen

Caster (superfijne) suiker om te bestrooien

Zeef de bloem en maizena samen. Klop de boter of margarine tot ze zacht zijn en klop de basterdsuiker erdoor tot het bleek en luchtig is. Roer de citroenschil erdoor en klop het bloemmengsel erdoor tot het goed gemengd is. Rol de zandkoek uit tot een cirkel van 20 cm/8 in en leg op een ingevette bakplaat (koekjes). Prik met een vork overal in en strijk de randen glad. Snijd in 12 partjes en bestrooi met basterdsuiker. Koel 15 minuten in de koelkast. Bak in een voorverwarmde oven op 160°C/325°F/gasstand 3 gedurende 35 minuten tot ze licht goudbruin zijn. Laat 5 minuten afkoelen op de bakplaat voordat je het op een rooster legt om af te koelen.

Gehakt Zandkoek

Maakt 8

175 g/6 oz/¾ kopje boter of margarine, verzacht

50 g/2 oz/¼ kopje (superfijne) suiker

225 g/8 oz/2 kopjes gewone bloem (voor alle doeleinden)

60 ml/4 eetlepels gehakt

Klop de boter of margarine en suiker tot ze zacht zijn. Werk in de bloem, dan het gehakt. Druk in een sandwichvorm van 23 cm/7 en egaliseer de bovenkant. Prik met een vork overal in en markeer in acht partjes, doorsnijdend tot aan de basis. Koel gedurende 1 uur.

Bak in een voorverwarmde oven op 160°C/325°F/gasstand 3 gedurende 1 uur tot ze bleek strokleurig zijn. Laat afkoelen in de vorm voordat je ze omdraait.

Notenkoekjes

Maakt 12

100 g/4 oz/½ kopje boter of margarine, verzacht

50 g/2 oz/¼ kopje (superfijne) suiker

100 g / 4 oz / 1 kop gewone bloem (voor alle doeleinden)

50 g/2 oz/½ kopje gemalen rijst

50 g/2 oz/½ kopje amandelen, fijngehakt

Klop de boter of margarine en suiker licht en luchtig door elkaar. Meng de bloem en gemalen rijst erdoor. Roer de noten erdoor en mix tot een stevig deeg. Kneed licht tot een gladde massa. Druk op de bodem van een ingevette Swiss roll-vorm (jelly roll pan) en egaliseer het oppervlak. Prik overal in met een vork. Bak in een voorverwarmde oven op 160°C/325°F/gasstand 3 gedurende 45 minuten tot ze licht goudbruin zijn. Laat 10 minuten in de vorm afkoelen en snij dan in vingers. Laat in het blik staan om af te koelen voordat je het omdraait.

Oranje Zandkoek

Maakt 12

100 g / 4 oz / 1 kop gewone bloem (voor alle doeleinden)

50 g/2 oz/½ kopje maizena (maizena)

100 g/4 oz/½ kopje boter of margarine, verzacht

50 g/2 oz/¼ kopje (superfijne) suiker

Geraspte schil van 1 sinaasappel

Caster (superfijne) suiker om te bestrooien

Zeef de bloem en maizena samen. Klop de boter of margarine tot ze zacht zijn en klop de basterdsuiker erdoor tot het bleek en luchtig is. Roer de sinaasappelschil erdoor en klop het bloemmengsel erdoor tot het goed gemengd is. Rol de zandkoek uit tot een cirkel van 20 cm/8 in en leg op een ingevette bakplaat (koekjes). Prik met een vork overal in en strijk de randen glad. Snijd in 12 partjes en bestrooi met basterdsuiker. Koel 15 minuten in de koelkast. Bak in een voorverwarmde oven op 160°C/325°F/gasstand 3 gedurende 35 minuten tot ze licht goudbruin zijn. Laat 5 minuten afkoelen op de bakplaat voordat je het op een rooster legt om af te koelen.

Rich Man's Shortbread

Maakt 36

Voor de basis:

225 g/1 kop boter of margarine

275 g/10 oz/2½ kopjes gewone bloem (voor alle doeleinden)

100 g/4 oz/½ kop (superfijne) suiker

Voor de vulling:

225 g/1 kop boter of margarine

225 g/8 oz/1 kop zachte bruine suiker

60 ml/4 eetlepels gouden (lichte maïs) siroop

400 g/14 oz gecondenseerde melk in blik

Een paar druppels vanille-essence (extract)

Voor de topping:

225 g/8 oz/2 kopjes pure (halfzoete) chocolade

Voor de basis wrijf je de boter of margarine door de bloem, roer je de suiker erdoor en kneed je het mengsel tot een stevig deeg. Druk op de bodem van een ingevette Swiss roll tin (jelly roll pan) bekleed met folie. Bak in een voorverwarmde oven op 180 ° C / 350 ° F / gasstand 4 gedurende 35 minuten goudbruin. Laat in de vorm afkoelen.

Smelt voor de vulling de boter of margarine, suiker, siroop en gecondenseerde melk in een pan op laag vuur onder voortdurend roeren. Breng aan de kook en laat zachtjes, onder voortdurend roeren, 7 minuten sudderen. Haal van het vuur, voeg de vanille-essence toe en klop goed door. Giet over de bodem en laat afkoelen en opstijven.

Smelt de chocolade in een hittebestendige kom die boven een pan zacht kokend water staat. Verdeel over de karamellaag en markeer in patronen met een vork. Laat afkoelen en opstijven en snij in vierkanten.

Volkoren Haver Zandkoek

Maakt 10

100 g/4 oz/½ kopje boter of margarine

150 g/5 oz/1¼ kopjes volkoren (volkoren) meel

25 g/1 oz/¼ kopje havermeel

50 g/2 oz/¼ kopje zachte bruine suiker

Wrijf de boter of margarine door de bloem tot het mengsel op broodkruim lijkt. Roer de suiker erdoor en werk lichtjes tot een zacht, kruimelig deeg. Rol op een licht met bloem bestoven oppervlak uit tot een dikte van ongeveer 1 cm en snij met een koekjesvormer in rondjes van 5 cm/2. Leg voorzichtig op een ingevette bakplaat (koekjes) en bak in een voorverwarmde oven op 150°C/300°F/gasstand 3 in ongeveer 40 minuten goudbruin en stevig.

Amandelwervelingen

Maakt 16

175 g/6 oz/¾ kopje boter of margarine, verzacht

50 g/2 oz/1/3 kop glazuur (banketbakkers) suiker, gezeefd

2,5 ml/½ tl amandelessence (extract)

175 g/6 oz/1½ kopjes bloem voor alle doeleinden

8 glacé (gekonfijte) kersen, gehalveerd of in vieren

Poedersuiker (banketbakkers)suiker, gezeefd, om te bestuiven

Klop de boter of margarine en suiker romig. Klop de amandelessence en bloem erdoor. Doe het mengsel over in een spuitzak met een groot stervormig mondstuk (tip). Spuit 16 platte wervelingen op een ingevette bakplaat. Beleg elk met een stukje kers. Bak in een voorverwarmde oven op 160°C/325°F/gasstand 3 gedurende 20 minuten tot ze licht goudbruin zijn. Laat 5 minuten op de bakplaat afkoelen en leg ze vervolgens op een rooster en bestuif met poedersuiker.

Chocolade Meringue Zandkoek

Maakt 24

100 g/4 oz/½ kopje boter of margarine, verzacht

5 ml/1 tl vanille-essence (extract)

4 eiwitten

200 g/7 oz/1¾ kopjes gewone bloem (voor alle doeleinden)

50 g/2 oz/¼ kopje (superfijne) suiker

45 ml/3 el cacaopoeder (ongezoete chocolade)

100 g glazuur (banketbakkers) suiker, gezeefd

Klop de boter of margarine, vanille-essence en twee eiwitten door elkaar. Meng de bloem, suiker en cacao door elkaar en klop dit geleidelijk door het botermengsel. Druk in een ingevette vierkante bakvorm van 30 cm/12 in. Klop de overige eiwitten samen met de poedersuiker en verdeel over de bovenkant. Bak in een voorverwarmde oven op 190°C/375°F/gasstand 5 gedurende 20 minuten goudbruin. Snijd in repen.

Koekjes Mensen

Maakt ongeveer 12

100 g/4 oz/½ kopje boter of margarine, verzacht

100 g/4 oz/½ kop (superfijne) suiker

1 ei, losgeklopt

225 g/8 oz/2 kopjes gewone bloem (voor alle doeleinden)

Enkele krenten en glacé (gekonfijte) kersen

Klop de boter of margarine en suiker romig. Voeg geleidelijk het ei toe en klop grondig. Spatel de bloem erdoor met een metalen lepel. Rol het mengsel op een licht met bloem bestoven oppervlak uit tot een dikte van ongeveer 5 mm. Steek er mensen uit met een koekjes (koekjes) uitsteker of mes, rol de garnituren opnieuw uit totdat je al het deeg hebt gebruikt. Leg ze op een ingevette bakplaat (koekjes) en druk er krenten in voor ogen en knopen. Snijd plakjes kers voor de mond. Bak de koekjes (koekjes) in een voorverwarmde oven op 190°C/375°F/gasstand 5 gedurende 10 minuten tot ze lichtbruin zijn. Laat afkoelen op een rooster.

IJs Gember Shortcake

Maakt twee taarten van 20 cm/8 inch

Voor de shortcake:

225 g/1 kop boter of margarine, verzacht

100 g/4 oz/½ kop (superfijne) suiker

275 g/10 oz/2½ kopjes gewone bloem (voor alle doeleinden)

10 ml/2 tl bakpoeder

10 ml/2 tl gemberpoeder

Voor het glazuur (glazuur):

50 g/2 oz/¼ kopje boter of margarine

15 ml/1 el gouden (lichte maïs) siroop

100 g glazuur (banketbakkers) suiker, gezeefd

5 ml/1 tl gemberpoeder

Roer voor de shortcake de boter of margarine en de suiker luchtig en luchtig. Meng de overige shortcake-ingrediënten erdoor tot een deeg, verdeel het mengsel in twee en druk in twee ingevette boterhamvormpjes (pannen) van 20 cm/8 inch. Bak in een voorverwarmde oven op 160°C/325°F/gasstand 3 gedurende 40 minuten.

Smelt voor het glazuur de boter of margarine en de siroop in een pan. Voeg de poedersuiker en gember toe en meng goed door elkaar. Giet over beide shortcakes en laat afkoelen, snij dan in partjes.

Shrewsbury-koekjes

Maakt 24

100 g/4 oz/½ kopje boter of margarine, verzacht

100 g/4 oz/½ kop (superfijne) suiker

1 eigeel

225 g/8 oz/2 kopjes gewone bloem (voor alle doeleinden)

5 ml/1 tl bakpoeder

5 ml/1 tl geraspte citroenschil

Klop de boter of margarine en suiker luchtig en luchtig. Klop geleidelijk de eidooier erdoor, werk dan de bloem, het bakpoeder en de citroenschil erdoor en werk af met je handen tot het mengsel zich bindt. Rol uit tot een dikte van 5 mm en snij in rondjes van 6 cm met een koekjesvormer. Leg de koekjes goed uit elkaar op een ingevette bakplaat en prik ze in met een vork. Bak in een voorverwarmde oven op 180°C/350°F/gasstand 4 gedurende 15 minuten tot ze licht goudbruin zijn.

Spaanse gekruide koekjes

Maakt 16

90 ml/6 el olijfolie

100 g/4 oz/½ kopje kristalsuiker

100 g / 4 oz / 1 kop gewone bloem (voor alle doeleinden)

15 ml/1 el bakpoeder

10 ml/2 tl gemalen kaneel

3 eieren

Geraspte schil van 1 citroen

30 ml/2 el poedersuiker (banketbakkers)suiker, gezeefd

Verwarm de olie in een kleine pan. Meng de suiker, bloem, bakpoeder en kaneel door elkaar. Klop in een aparte kom de eieren en de citroenschil schuimig. Roer de droge ingrediënten en olie erdoor tot een glad beslag. Giet het beslag in een goed ingevette Swiss roll-vorm (jelly roll pan) en bak in een voorverwarmde oven op 180°C/350°F/gasstand 4 gedurende 30 minuten goudbruin. Draai uit, laat afkoelen, snijd in driehoeken en bestrooi de koekjes (koekjes) met poedersuiker.

Ouderwetse Kruidenkoekjes

Maakt 24

75 g/3 oz/1/3 kop boter of margarine

50 g/2 oz/¼ kopje (superfijne) suiker

45 ml/3 el zwarte stroop (melasse)

175 g/6 oz/¾ kopje gewone bloem (voor alle doeleinden)

5 ml/1 tl gemalen kaneel

5 ml/1 tl gemalen gemengde (appeltaart) kruiden

2,5 ml/½ tl gemberpoeder

2,5 ml/½ tl bicarbonaat (baking soda)

Smelt de boter of margarine, suiker en stroop samen op laag vuur. Meng in een kom de bloem, kruiden en baksoda door elkaar. Giet bij het stroopmengsel en meng tot alles goed gemengd is. Mix tot een zacht deeg en vorm er kleine balletjes van. Schik, goed uit elkaar, op een ingevette bakplaat (koekjes) en druk plat met een vork. Bak de koekjes (koekjes) in een voorverwarmde oven op 180°C/ 350°F/gasstand 4 gedurende 12 minuten tot ze stevig en goudbruin zijn.

Stroopkoekjes

Maakt 24

75 g/3 oz/1/3 kop boter of margarine, verzacht

100 g/4 oz/½ kopje zachte bruine suiker

1 eigeel

30 ml/2 el zwarte stroop (melasse)

100 g / 4 oz / 1 kop gewone bloem (voor alle doeleinden)

5 ml/1 tl bicarbonaat (baking soda)

Een snufje zout

5 ml/1 tl gemalen kaneel

2,5 ml/½ theelepel gemalen kruidnagel

Klop de boter of margarine en suiker licht en luchtig door elkaar. Klop geleidelijk de eidooier en melasse erdoor. Meng de bloem, het natriumbicarbonaat, het zout en de kruiden door elkaar en meng dit door het mengsel. Dek af en laat afkoelen.

Rol het mengsel in balletjes van 3 cm/1½ en leg ze op een ingevette bakplaat (koekjes). Bak de koekjes (koekjes) in een voorverwarmde oven op 180°C/350°F/gasstand 4 gedurende 10 minuten tot ze net gaar zijn.

Stroop-, abrikozen- en notenkoekjes

Maakt ongeveer 24

50 g/2 oz/¼ kopje boter of margarine

50 g/2 oz/¼ kopje (superfijne) suiker

50 g/2 oz/¼ kopje zachte bruine suiker

1 ei, licht geklopt

2,5 ml/½ tl bicarbonaat (baking soda)

30 ml/2 el warm water

45 ml/3 el zwarte stroop (melasse)

25 g/1 oz kant-en-klare gedroogde abrikozen, gehakt

25 g/1 oz/¼ kop gehakte gemengde noten

100 g / 4 oz / 1 kop gewone bloem (voor alle doeleinden)

Een snufje zout

Een snufje gemalen kruidnagel

Klop de boter of margarine en de suikers luchtig en luchtig. Klop er geleidelijk het ei door. Meng het bicarbonaat met het water en roer dit door het mengsel met de overige ingrediënten. Schep lepels op een ingevette bakplaat (koekjes) en bak in een voorverwarmde oven op 180°C/350°F/gasstand 4 gedurende 10 minuten.

Stroop- en karnemelkkoekjes

Maakt 24

50 g/2 oz/¼ kopje boter of margarine, verzacht

50 g/2 oz/¼ kopje zachte bruine suiker

150 ml/¼ pt/2/3 kopje zwarte stroop (melasse)

150 ml/¼ pt/2/3 kopje karnemelk

175 g/6 oz/1½ kopjes bloem voor alle doeleinden

2,5 ml/½ tl bicarbonaat (baking soda)

Klop de boter of margarine en suiker tot een licht en luchtig mengsel en meng vervolgens de melassestroop en karnemelk afwisselend met de bloem en het natriumbicarbonaat. Laat grote lepels op een ingevette bakplaat vallen en bak 10 minuten in een voorverwarmde oven op 190°C/375°F/gasstand 5.

Stroop- en koffiekoekjes

Maakt 24

60 g/2½ oz/1/3 kopje reuzel (bakvet)

50 g/2 oz/¼ kopje zachte bruine suiker

75 g/3 oz/¼ kopje zwarte stroop (melasse)

2,5 ml/½ tl vanille-essence (extract)

200 g/7 oz/1¾ kopjes gewone bloem (voor alle doeleinden)

5 ml/1 tl bicarbonaat (baking soda)

Een snufje zout

2,5 ml/½ tl gemberpoeder

2,5 ml/½ tl gemalen kaneel

60 ml/4 el koude zwarte koffie

Klop het reuzel en de suiker luchtig en luchtig. Roer de stroop en vanille-essence erdoor. Meng de bloem, het natriumbicarbonaat, het zout en de kruiden en klop afwisselend met de koffie door het mengsel. Dek af en laat enkele uren afkoelen.

Rol het deeg uit tot een dikte van 5 mm/ en snij met een koekjesvorm (koekjes) rondjes van 5 cm/2. Leg de koekjes op een niet ingevette bakplaat (koekjes) en bak ze 10 minuten in een voorverwarmde oven op 190°C/375°F/gasstand 5 tot ze stevig aanvoelen.

Stroop- en dadelkoekjes

Maakt ongeveer 24

50 g/2 oz/¼ kopje boter of margarine, verzacht

50 g/2 oz/¼ kopje (superfijne) suiker

50 g/2 oz/¼ kopje zachte bruine suiker

1 ei, licht geklopt

2,5 ml/½ tl bicarbonaat (baking soda)

30 ml/2 el warm water

45 ml/3 el zwarte stroop (melasse)

25 g/1 oz/¼ kopje ontpitte (ontpitte) dadels, gehakt

100 g / 4 oz / 1 kop gewone bloem (voor alle doeleinden)

Een snufje zout

Een snufje gemalen kruidnagel

Klop de boter of margarine en de suikers luchtig en luchtig. Klop er geleidelijk het ei door. Meng het natriumbicarbonaat met het water en roer dit vervolgens door het mengsel met de overige ingrediënten. Schep lepels op een ingevette bakplaat (koekjes) en bak in een voorverwarmde oven op 180°C/350°F/gasstand 4 gedurende 10 minuten.

Stroop- en gemberkoekjes

Maakt 24

50 g/2 oz/¼ kopje boter of margarine, verzacht

50 g/2 oz/¼ kopje zachte bruine suiker

150 ml/¼ pt/2/3 kopje zwarte stroop (melasse)

150 ml/¼ pt/2/3 kopje karnemelk

175 g/6 oz/1½ kopjes bloem voor alle doeleinden

2,5 ml/½ tl bicarbonaat (baking soda)

2,5 ml/½ tl gemberpoeder

1 ei, losgeklopt, om te glazuren

Mix de boter of margarine en suiker tot een licht en luchtig mengsel, meng dan de melassestroop en karnemelk afwisselend met de bloem, het natriumbicarbonaat en de gemalen gember. Laat grote lepels op een ingevette bakplaat vallen en bestrijk de bovenkanten met losgeklopt ei. Bak in een voorverwarmde oven op 190°C/375°F/gasstand 5 gedurende 10 minuten.

Vanille Koekjes

Maakt 24

150 g boter of margarine, verzacht

100 g/4 oz/½ kop (superfijne) suiker

1 ei, losgeklopt

225 g / 8 oz / 2 kopjes zelfrijzend (zelfrijzend) meel

Een snufje zout

10 ml/2 tl vanille-essence (extract)

Glacé (gekonfijte) kersen om te decoreren

Klop de boter of margarine en suiker luchtig en luchtig. Klop geleidelijk het ei erdoor, spatel dan de bloem, het zout en de vanille-essence erdoor en meng tot een deeg. Kneed tot een gladde massa. Wikkel in huishoudfolie (plasticfolie) en laat 20 minuten afkoelen.

Rol het deeg dun uit en steek er rondjes uit met een biscuit (koekjes) uitsteker. Leg ze op een ingevette bakplaat (koekjes) en leg op elk een kers. Bak de koekjes in een voorverwarmde oven op 180°C/350°F/gasstand 4 gedurende 10 minuten goudbruin. Laat 10 minuten afkoelen op de bakplaat voordat je ze op een rooster legt om af te koelen.

Walnoot Koekjes

Maakt 36

100 g/4 oz/½ kopje boter of margarine, verzacht

100 g/4 oz/½ kopje zachte bruine suiker

100 g/4 oz/½ kop (superfijne) suiker

1 groot ei, licht geklopt

200 g/7 oz/1¾ kopjes gewone bloem (voor alle doeleinden)

5 ml/1 tl bakpoeder

2,5 ml/½ tl bicarbonaat (baking soda)

120 ml/4 fl oz/½ kopje karnemelk

50 g/2 oz/½ kopje walnoten, gehakt

Roer de boter of margarine en suikers door elkaar. Klop geleidelijk het ei erdoor en spatel er dan afwisselend de bloem, het bakpoeder en de natriumbicarbonaat door de karnemelk. Vouw de walnoten erdoor. Schep kleine lepels op een ingevette bakplaat (koekjes) en bak de koekjes (koekjes) in een voorverwarmde oven op 190°C/375°F/gasstand 5 gedurende 10 minuten.

Knapperige Koekjes

Maakt 24

25 g / 1 oz verse gist of 40 ml / 2½ eetlepel gedroogde gist

450 ml/¾ pt/2 kopjes warme melk

900 g/2 lb/8 kopjes sterk, gewoon (brood)meel

175 g/6 oz/¾ kopje boter of margarine, verzacht

30 ml/2 el heldere honing

2 eieren, losgeklopt

Geklopt ei om te glazuren

Meng de gist met een beetje van de warme melk en laat 20 minuten op een warme plaats staan. Doe de bloem in een kom en wrijf de boter of margarine erdoor. Meng het gistmengsel, de resterende warme melk, de honing en de eieren erdoor en mix tot een zacht deeg. Kneed op een licht met bloem bestoven oppervlak tot het glad en elastisch is. Doe in een geoliede kom, dek af met geoliede huishoudfolie (plasticfolie) en laat 1 uur op een warme plaats staan tot het in volume verdubbeld is.

Kneed nogmaals, vorm dan lange platte broodjes en leg ze op een ingevette bakplaat (koekjes). Dek af met geoliede huishoudfolie en laat 20 minuten op een warme plaats staan.

Bestrijk met losgeklopt ei en bak 20 minuten in een voorverwarmde oven op 200°C/400°F/gasstand 6. Laat een nacht afkoelen.

Snijd in dunne plakjes en bak opnieuw in een voorverwarmde oven op 150°C/300°F/gasstand 2 gedurende 30 minuten tot ze knapperig en bruin zijn.

Cheddar Koekjes

Maakt 12

50 g/2 oz/¼ kopje boter of margarine

200 g/7 oz/1¾ kopjes gewone bloem (voor alle doeleinden)

15 ml/1 el bakpoeder

Een snufje zout

50 g/2 oz/½ kopje Cheddar-kaas, geraspt

175 ml/6 fl oz/¾ kopje melk

Wrijf de boter of margarine door de bloem, het bakpoeder en het zout tot het mengsel op broodkruim lijkt. Roer de kaas erdoor en meng er dan voldoende melk door om een zacht deeg te maken. Rol op een licht met bloem bestoven oppervlak uit tot een dikte van ongeveer 2 cm en steek er rondjes uit met een koekjessteker. Leg ze op een niet ingevette bakplaat (koekjes) en bak de koekjes (crackers) in een voorverwarmde oven op 200°C/400°F/gasstand 6 gedurende 15 minuten goudbruin.

Blauwe Kaas Koekjes

Maakt 12

50 g/2 oz/¼ kopje boter of margarine

200 g/7 oz/1¾ kopjes gewone bloem (voor alle doeleinden)

15 ml/1 el bakpoeder

50 g/2 oz/½ kopje Stilton-kaas, geraspt of verkruimeld

175 ml/6 fl oz/¾ kopje melk

Wrijf de boter of margarine door de bloem en het bakpoeder tot het mengsel op broodkruim lijkt. Roer de kaas erdoor en meng er dan voldoende melk door om een zacht deeg te maken. Rol op een licht met bloem bestoven oppervlak uit tot een dikte van ongeveer 2 cm en steek er rondjes uit met een koekjessteker. Leg ze op een niet ingevette bakplaat (koekjes) en bak de koekjes (crackers) in een voorverwarmde oven op 200°C/400°F/gasstand 6 gedurende 15 minuten goudbruin.

Kaas en Sesamkoekjes

Maakt 24

75 g/3 oz/1/3 kop boter of margarine

75 g/3 oz/¾ kopje volkoren (volkoren) meel

75 g/3 oz/¾ kopje Cheddar-kaas, geraspt

30 ml/2 eetlepels sesamzaadjes

Zout en versgemalen zwarte peper

1 ei, losgeklopt

Wrijf de boter of margarine door de bloem tot het mengsel op broodkruim lijkt. Roer de kaas en de helft van de sesamzaadjes erdoor en breng op smaak met zout en peper. Druk samen tot een stevig deeg. Rol het deeg op een licht met bloem bestoven werkvlak uit tot een dikte van ongeveer 5 mm en steek er rondjes uit met een koekjessteker. Leg de koekjes (crackers) op een ingevette bakplaat, bestrijk ze met ei en bestrooi met de overige sesamzaadjes. Bak in een voorverwarmde oven op 190°C/375°F/gasstand 5 gedurende 10 minuten goudbruin.

Kaas Rietjes

Maakt 16

225 g/8 oz Bladerdeeg

1 ei, losgeklopt

100 g/4 oz/1 kop Cheddar of sterke kaas, geraspt

15 ml/1 el geraspte Parmezaanse kaas

Zout en versgemalen zwarte peper

Rol het deeg (pasta) uit tot een dikte van ongeveer 5 mm en bestrijk rijkelijk met losgeklopt ei. Bestrooi met de kaas en breng op smaak met peper en zout. Snijd in reepjes en draai de reepjes voorzichtig in spiralen. Leg ze op een bevochtigde bakplaat (koekjes) en bak ze in een voorverwarmde oven op 220 °C/425 °F/gasstand 7 gedurende ongeveer 10 minuten tot ze gepoft en goudbruin zijn.

Kaas en Tomatenkoekjes

Maakt 12

50 g/2 oz/¼ kopje boter of margarine

200 g/7 oz/1¾ kopjes gewone bloem (voor alle doeleinden)

15 ml/1 el bakpoeder

Een snufje zout

50 g/2 oz/½ kopje Cheddar-kaas, geraspt

15 ml/1 el tomatenpuree (pasta)

150 ml/¼ pt/2/3 kopje melk

Wrijf de boter of margarine door de bloem, het bakpoeder en het zout tot het mengsel op broodkruim lijkt. Roer de kaas erdoor en meng de tomatenpuree en voldoende melk erdoor tot een zacht deeg. Rol op een licht met bloem bestoven oppervlak uit tot een dikte van ongeveer 2 cm en steek er rondjes uit met een koekjessteker. Leg ze op een niet ingevette bakplaat (koekjes) en bak de koekjes (crackers) in een voorverwarmde oven op 200°C/400°F/gasstand 6 gedurende 15 minuten goudbruin.

Geitenkaashapjes

Maakt 30

2 vellen diepvries filodeeg (pasta), ontdooid

50 g/2 oz/¼ kopje ongezouten boter, gesmolten

50 g/2 oz/½ kopje geitenkaas, in blokjes gesneden

5 ml/1 tl Provençaalse kruiden

Bestrijk een vel filodeeg met gesmolten boter, leg het tweede vel erop en bestrijk met boter. Snijd in 30 gelijke vierkanten, leg op elk een stukje kaas en bestrooi met kruiden. Breng de hoeken bij elkaar en draai om te verzegelen, en bestrijk opnieuw met gesmolten boter. Leg ze op een ingevette bakplaat (koekjes) en bak ze 10 minuten in een voorverwarmde oven op 180°C/350°F/gasstand 4 tot ze krokant en goudbruin zijn.

Ham en Mosterd Rollen

Maakt 16

225 g/8 oz Bladerdeeg

30 ml/2 el Franse mosterd

100 g / 4 oz / 1 kop gekookte ham, gehakt

Zout en versgemalen zwarte peper

Rol het deeg (pasta) uit tot een dikte van ongeveer 5 mm. Besmeer met de mosterd, bestrooi met de ham en breng op smaak met zout en peper. Rol het deeg op tot een lange worstvorm, snij in plakken van 1 cm/½ en leg ze op een bevochtigde bakplaat (koekjes). Bak in een voorverwarmde oven op 220 °C/425 °F/gasstand 7 ongeveer 10 minuten tot ze gepoft en goudbruin zijn.

Ham en peperkoekjes

Maakt 30

225 g/8 oz/2 kopjes gewone bloem (voor alle doeleinden)

15 ml/1 el bakpoeder

5 ml/1 tl gedroogde tijm

5 ml/1 tl (superfijne) basterdsuiker

2,5 ml/½ tl gemberpoeder

Een snufje geraspte nootmuskaat

Een snufje natriumbicarbonaat (baking soda)

Zout en versgemalen zwarte peper

50 g/2 oz/¼ kopje plantaardig vet (bakvet)

50 g/2 oz/½ kop gekookte ham, fijngehakt

30 ml/2 el fijngesneden groene (paprika)paprika

175 ml/6 fl oz/¾ kopje karnemelk

Meng de bloem, bakpoeder, tijm, suiker, gember, nootmuskaat, natriumbicarbonaat, zout en peper. Wrijf het plantaardige vet erdoor tot het mengsel op broodkruim lijkt. Roer de ham en peper erdoor. Voeg geleidelijk de karnemelk toe en mix tot een zacht deeg. Kneed een paar seconden op een licht met bloem bestoven oppervlak tot een gladde massa. Rol uit tot een dikte van 2 cm en steek er rondjes uit met een koekjessteker. Leg de koekjes, goed uit elkaar, op een ingevette bakplaat (koekjes) en bak in een voorverwarmde oven op 220 °C/425 °F/gasstand 7 gedurende 12 minuten tot ze gepoft en goudbruin zijn.

Eenvoudige Kruidenkoekjes

Maakt 8

225 g/8 oz/2 kopjes gewone bloem (voor alle doeleinden)

15 ml/1 el bakpoeder

5 ml/1 tl (superfijne) basterdsuiker

2,5 ml/½ tl zout

50 g/2 oz/¼ kopje boter of margarine

15 ml/1 el vers geknipte bieslook

Een snufje paprika

Vers gemalen zwarte peper

45 ml/3 el melk

45 ml/3 el water

Meng de bloem, bakpoeder, suiker en zout. Wrijf de boter of margarine erdoor tot het mengsel op broodkruim lijkt. Meng de bieslook, paprika en peper naar smaak. Roer de melk en het water erdoor en mix tot een zacht deeg. Kneed op een licht met bloem bestoven oppervlak tot een gladde massa, rol het vervolgens uit tot een dikte van 2 cm en steek er met een koekjessteker rondjes uit. Leg de koekjes (crackers), goed uit elkaar, op een ingevette bakplaat (koekjes) en bak in een voorverwarmde oven op 200°C/400°F/gasstand 6 gedurende 15 minuten tot ze gepoft en goudbruin zijn.

Indiase Koekjes

Serveert 4

100 g / 4 oz / 1 kop gewone bloem (voor alle doeleinden)

100 g / 4 oz / 1 kopje griesmeel (room van tarwe)

175 g/6 oz/¾ cup (superfijne) suiker

75 g/3 oz/¾ kopje gram bloem

175 g/6 oz/¾ kopje ghee

Meng alle ingrediënten in een kom en wrijf ze vervolgens met de palmen van je handen tot een stevig deeg. Je hebt misschien wat meer ghee nodig als het mengsel te droog is. Vorm kleine balletjes en druk ze in biscuit (cracker) vormen. Leg ze op een ingevette en beklede bakplaat (koekjes) en bak ze in een voorverwarmde oven op 150°C/300°F/gasstand 2 gedurende 30-40 minuten tot ze lichtbruin zijn. Als de koekjes worden gekookt, kunnen er fijne haarscheurtjes ontstaan.

Hazelnoot en Sjalot Zandkoek

Maakt 12

75 g/3 oz/1/3 kop boter of margarine, verzacht

175 g/6 oz/1½ kopjes volkoren (volkoren) meel

10 ml/2 tl bakpoeder

1 sjalot, fijngesnipperd

50 g/2 oz/½ kopje hazelnoten, gehakt

10 ml/2 tl paprika

15 ml/1 el koud water

Wrijf de boter of margarine door de bloem en het bakpoeder tot het mengsel op broodkruim lijkt. Roer de sjalot, hazelnoten en paprika erdoor. Voeg het koude water toe en druk samen tot een deeg. Rol uit en druk aan tot een 30 x 20 cm/12 x 8 in Swiss roll tin (jelly roll pan) en prik rondom met een vork. Markeer in vingers. Bak in een voorverwarmde oven op 200°C/400°F/gasstand 6 gedurende 10 minuten goudbruin.

Zalm en dille koekjes

Maakt 12

225 g/8 oz/2 kopjes gewone bloem (voor alle doeleinden)

5 ml/1 tl (superfijne) basterdsuiker

2,5 ml/½ tl zout

20 ml/4 tl bakpoeder

100 g/4 oz/½ kopje boter of margarine, in blokjes gesneden

90 ml/6 el water

90 ml/6 el melk

100 g / 1 kop gerookte zalmsnippers, in blokjes gesneden

60 ml/4 eetlepels gehakte verse dille (dille-wiet)

Meng de bloem, suiker, zout en bakpoeder en wrijf de boter of margarine erdoor tot het mengsel op broodkruim lijkt. Voeg geleidelijk de melk en het water toe en meng tot een zacht deeg. Werk in de zalm en dille en mix tot een gladde massa. Rol uit tot een dikte van 2,5 cm/1 en steek er rondjes uit met een biscuit (koekjes) uitsteker. Leg de koekjes (crackers) goed uit elkaar op een ingevette bakplaat en bak ze in een voorverwarmde oven op 220 °C/425 °F/gasstand 7 gedurende 15 minuten tot ze gepoft en goudbruin zijn.

Frisdrank Koekjes

Maakt 12

45 ml/3 eetlepels reuzel (bakvet)

225 g/8 oz/2 kopjes gewone bloem (voor alle doeleinden)

5 ml/1 tl bicarbonaat (baking soda)

5 ml/1 tl room van tartaar

Een snufje zout

250 ml/8 fl oz/1 kop karnemelk

Wrijf het reuzel in de bloem, het natriumbicarbonaat, de room van wijnsteen en het zout tot het mengsel op broodkruim lijkt. Roer de melk erdoor en mix tot een zacht deeg. Rol op een licht met bloem bestoven oppervlak uit tot een dikte van 1 cm en steek uit met een koekjessteker. Leg de koekjes (crackers) op een ingevette bakplaat (koekjes) en bak ze in een voorverwarmde oven op 230°C/450°F/gasstand 8 gedurende 10 minuten goudbruin.

Tomaat en Parmezaanse Pinwheels

Maakt 16

225 g/8 oz Bladerdeeg

30 ml/2 el tomatenpuree (pasta)

100 g / 1 kopje Parmezaanse kaas, geraspt

Zout en versgemalen zwarte peper

Rol het deeg (pasta) uit tot een dikte van ongeveer 5 mm. Besmeer met de tomatenpuree, bestrooi met kaas en breng op smaak met zout en peper. Rol het deeg op tot een lange worstvorm, snij in plakken van 1 cm/½ en leg ze op een bevochtigde bakplaat (koekjes). Bak in een voorverwarmde oven op 220 °C/ 425 °F/gasstand 7 gedurende ongeveer 10 minuten tot ze gepoft en goudbruin zijn.

Tomaten-kruidenkoekjes

Maakt 12

225 g/8 oz/2 kopjes gewone bloem (voor alle doeleinden)

5 ml/1 tl (superfijne) basterdsuiker

2,5 ml/½ tl zout

40 ml/2½ eetlepel bakpoeder

100 g/4 oz/½ kopje boter of margarine

30 ml/2 el melk

30 ml/2 el water

4 rijpe tomaten, ontveld, ontpit en in stukjes gesneden

45 ml/3 eetlepels gehakte verse basilicum

Meng de bloem, suiker, zout en bakpoeder. Wrijf de boter of margarine erdoor tot het mengsel op broodkruim lijkt. Roer de melk, het water, de tomaten en de basilicum erdoor en mix tot een zacht deeg. Kneed een paar seconden op een licht met bloem bestoven oppervlak, rol dan uit tot een dikte van 2,5 cm en snij in rondjes met een koekjessteker. Leg de koekjes goed uit elkaar op een ingevette bakplaat en bak ze in een voorverwarmde oven op 230 °C/425 °F/gasstand 7 gedurende 15 minuten tot ze gepoft en goudbruin zijn.

Basis wit brood

Maakt drie broden van 450 g/1 lb

25 g / 1 oz verse gist of 40 ml / 2½ eetlepel gedroogde gist

10 ml/2 tl suiker

900 ml/1½ pts/3¾ kopjes warm water

25 g/1 oz/2 eetlepels reuzel (bakvet)

1,5 kg/3 lb/12 kopjes sterk, gewoon (brood)meel

15 ml/1 el zout

Meng de gist met de suiker en een beetje van het warme water en laat 20 minuten op een warme plaats schuimen. Wrijf het reuzel in de bloem en het zout, roer dan het gistmengsel en voldoende van het resterende water erdoor om een stevig deeg te vormen dat de zijkanten van de kom schoon verlaat. Kneed op een licht met bloem bestoven oppervlak of in een processor tot het elastisch en niet meer plakkerig is. Leg het deeg in een met olie ingevette kom, dek af met geoliede huishoudfolie (plasticfolie) en laat ongeveer 1 uur op een warme plaats staan tot het in omvang verdubbeld is en veerkrachtig aanvoelt.

Kneed het deeg opnieuw tot het stevig is, verdeel het in drieën en plaats het in ingevette broodvormen (pannen) van 450 g/1 lb of vorm de broden van uw keuze. Dek af en laat op een warme plaats ongeveer 40 minuten rijzen tot het deeg net boven de bovenkant van de vormpjes komt.

Bak in een voorverwarmde oven op 230°C/ 450°F/gasstand 8 gedurende 30 minuten tot de broden beginnen weg te krimpen van de zijkanten van de vormen en goudbruin en stevig zijn en hol klinken als er op de bodem wordt getikt.

Bagels

Maakt 12

15 g/½ oz verse gist of 20 ml/4 tl gedroogde gist

5 ml/1 tl (superfijne) basterdsuiker

300 ml/½ pt/1¼ kopjes warme melk

50 g/2 oz/¼ kopje boter of margarine

450 g/1 lb/4 kopjes sterk, gewoon (brood)meel

Een snufje zout

1 eigeel

30 ml/2 el maanzaad

Meng de gist met de suiker en een beetje van de warme melk en laat 20 minuten op een warme plaats schuimen. Wrijf de boter of margarine door de bloem en het zout en maak een kuiltje in het midden. Voeg het gistmengsel, de resterende warme melk en de eidooier toe en mix tot een glad deeg. Kneed tot het deeg elastisch is en niet meer plakkerig. Doe in een geoliede kom, dek af met geoliede huishoudfolie (plasticfolie) en laat ongeveer 1 uur op een warme plaats staan tot het in volume verdubbeld is.

Kneed het deeg licht en snijd het vervolgens in 12 stukken. Rol elk in een lange strook van ongeveer 15 cm/6 in lang en draai in een ring. Leg op een ingevette bakplaat, dek af en laat 15 minuten rijzen.

Breng een grote pan water aan de kook en draai het vuur dan laag. Laat een ring in het kokende water vallen en kook gedurende 3 minuten, draai een keer, verwijder en plaats op een bakplaat (koekjes). Ga verder met de overige bagels. Bestrooi de bagels met maanzaad en bak ze in een voorverwarmde oven op 230°C/450°F/gasstand 8 gedurende 20 minuten goudbruin.

Baps

Maakt 12

25 g / 1 oz verse gist of 40 ml / 2½ eetlepel gedroogde gist

5 ml/1 tl (superfijne) basterdsuiker

150 ml/¼ pt/2/3 kopje warme melk

50 g/2 oz/¼ kopje reuzel (bakvet)

450 g/1 lb/4 kopjes sterk, gewoon (brood)meel

5 ml/1 tl zout

150 ml/¼ pt/2/3 kopje warm water

Meng de gist met de suiker en een beetje van de warme melk en laat 20 minuten op een warme plaats schuimen. Wrijf het reuzel door de bloem, roer het zout erdoor en maak een kuiltje in het midden. Voeg het gistmengsel, de resterende melk en het water toe en mix tot een zacht deeg. Kneed tot het elastisch is en niet meer plakkerig. Plaats in een geoliede kom en dek af met geoliede huishoudfolie (plasticfolie). Laat ongeveer 1 uur op een warme plaats staan tot het in omvang verdubbeld is.

Vorm het deeg tot 12 platte broodjes en schik ze op een ingevette bakplaat (koekjes). Laat 15 minuten rijzen.

Bak in een voorverwarmde oven op 230°C/ 450°F/gasstand 8 gedurende 15-20 minuten tot ze goed gerezen en goudbruin zijn.

Romig Gerstbrood

Voor één brood van 900 g/2 lb

15 g/½ oz verse gist of 20 ml/4 tl gedroogde gist

Een snufje suiker

350 ml/12 fl oz/1½ kopjes warm water

400 g/14 oz/3½ kopjes sterk, gewoon (brood)meel

175 g/6 oz/1½ kopjes gerstemeel

Een snufje zout

45 ml/3 eetlepels enkele (lichte) room

Meng de gist met de suiker en een beetje van het warme water en laat 20 minuten op een warme plaats schuimen. Meng de bloem en het zout in een kom, voeg het gistmengsel, de room en het resterende water toe en mix tot een stevig deeg. Kneed tot een gladde massa en niet meer plakkerig. Doe in een geoliede kom, dek af met geoliede huishoudfolie (plasticfolie) en laat ongeveer 1 uur op een warme plaats staan tot het in volume verdubbeld is.

Kneed nogmaals lichtjes, vorm dan een ingevette broodvorm (vorm) van 900 g/2 lb, dek af en laat 40 minuten op een warme plaats staan tot het deeg boven de bovenkant van de vorm is gerezen.

Bak in een voorverwarmde oven op 220 °C/ 425 °F/gasstand 7 gedurende 10 minuten, verlaag vervolgens de oventemperatuur naar 190 °C/375 °F/gasstand 5 en bak nog eens 25 minuten tot ze goudbruin en hol zijn -klinkt wanneer op de basis wordt getikt.

Bier Brood

Voor één brood van 900 g/2 lb

450 g/1 lb/4 kopjes zelfrijzend bakmeel

5 ml/1 tl zout

350 ml/12 fl oz/1½ kopjes pils

Mix de ingrediënten tot een glad deeg. Vorm een ingevette broodvorm van 900 g/2 lb, dek af en laat 20 minuten rijzen op een warme plaats. Bak in een voorverwarmde oven op 190°C/375°F/gasstand 5 gedurende 45 minuten goudbruin en hol klinkend als je op de bodem klopt.

Boston bruin brood

Maakt drie broden van 450 g/1 lb

100 g / 4 oz / 1 kopje roggemeel

100 g / 4 oz / 1 kop maïsmeel

100 g / 4 oz / 1 kop volkoren (volkoren) meel

5 ml/1 tl bicarbonaat (baking soda)

5 ml/1 tl zout

250 g/9 oz/¾ kopje zwarte stroop (melasse)

500 ml/16 fl oz/2 kopjes karnemelk

175 g/6 oz/1 kop rozijnen

Meng de droge ingrediënten, roer er de melassestroop, karnemelk en rozijnen door en mix tot een zacht deeg. Schep het mengsel in drie ingevette puddingvormpjes van 450 g/1 lb, dek af met vetvrij (gewaxt) papier en folie en bind ze vast met touw om de bovenkanten af te sluiten. Plaats in een grote pan en vul met genoeg heet water tot halverwege de zijkanten van de kommen. Breng het water aan de kook, dek de pan af en laat 2½ uur sudderen, eventueel bijvullen met kokend water. Haal de kommen uit de pan en laat ze iets afkoelen. Serveer warm met boter.

Zemelen Bloempotten

Maakt 3

25 g / 1 oz verse gist of 40 ml / 2½ eetlepel gedroogde gist

5 ml/1 tl suiker

600 ml/1 pt/2½ kopjes lauw water

675 g/1½ lb/6 kopjes volkoren (volkoren) meel

25 g/1 oz/¼ kopje sojameel

5 ml/1 tl zout

50 g/2 oz/1 kop zemelen

Melk om te glazuren

45 ml/3 el gebroken tarwe

Je hebt drie schone, nieuwe bloempotten van 13 cm/5 in klei nodig. Vet ze goed in en bak ze 30 minuten in een hete oven om te voorkomen dat ze barsten.

Meng de gist met de suiker en een beetje van het warme water en laat het schuimig staan. Meng de bloem, het zout en de zemelen en maak een kuiltje in het midden. Meng het warme water en het gistmengsel erdoor en kneed tot een stevig deeg. Stort op een met bloem bestoven oppervlak en kneed ongeveer 10 minuten tot het glad en elastisch is. Je kunt dit ook in een keukenmachine doen. Leg het deeg in een schone kom, dek af met geoliede huishoudfolie (plasticfolie) en laat op een warme plaats ongeveer 1 uur rijzen tot het in volume verdubbeld is.

Stort op een met bloem bestoven oppervlak en kneed opnieuw gedurende 10 minuten. Vorm de drie ingevette bloempotten, dek af en laat 45 minuten rijzen tot het deeg boven de potten is gerezen.

Bestrijk het deeg met melk en bestrooi met de gebroken tarwe. Bak in een voorverwarmde oven op 230°C/450°F/gasstand 8 gedurende 15 minuten. Verlaag de oventemperatuur tot

200°C/400°F/gasstand 6 en bak nog 30 minuten tot ze goed gerezen en stevig zijn. Draai om en laat afkoelen.

Beboterde Rollen

Maakt 12

450 g/1 lb Basis wit brooddeeg

100 g/4 oz/½ kopje boter of margarine, in blokjes gesneden

Maak het brooddeeg en laat het rijzen tot het in omvang verdubbeld is en veerkrachtig aanvoelt.

Kneed het deeg opnieuw en werk in de boter of margarine. Vorm er 12 rolletjes van en leg ze goed uit elkaar op een ingevette bakplaat. Dek af met geoliede huishoudfolie (plasticfolie) en laat op een warme plaats ongeveer 1 uur rijzen tot het in volume verdubbeld is.

Bak in een voorverwarmde oven op 230°C/ 450°F/gasstand 8 gedurende 20 minuten tot ze goudbruin en hol klinken als je op de bodem klopt.

Karnemelkbrood

Maakt één brood van 675 g/1½ lb

450 g/1 lb/4 kopjes gewone bloem (voor alle doeleinden)

5 ml/1 tl room van tartaar

5 ml/1 tl bicarbonaat (baking soda)

250 ml/8 fl oz/1 kop karnemelk

Meng de bloem, de room van wijnsteen en de soda in een kom en maak een kuiltje in het midden. Roer er genoeg van de karnemelk door tot een zacht deeg. Vorm een rondje en leg op een ingevette bakplaat (koekjes). Bak in een voorverwarmde oven op 220 °C/425 °F/gasstand 7 gedurende 20 minuten tot ze goed gerezen en goudbruin zijn.

Canadees maïsbrood

Voor één brood van 23 cm/9 inch

150 g/5 oz/1¼ kopjes gewone bloem (voor alle doeleinden)

75 g/3 oz/¾ kopje maïsmeel

15 ml/1 el bakpoeder

2,5 ml/½ tl zout

100 g/4 oz/1/3 kopje ahornsiroop

100 g/4 oz/½ kopje reuzel (bakvet), gesmolten

2 eieren, losgeklopt

Meng de droge ingrediënten, meng dan de siroop, het reuzel en de eieren erdoor en roer tot alles goed gemengd is. Schep in een ingevette 23 cm/9 in bakvorm (pan) en bak in een voorverwarmde oven op 220 °C/425 °F/gasstand 7 gedurende 25 minuten tot ze goed gerezen en goudbruin zijn en van de zijkanten beginnen te krimpen van het blik.

Cornish Rolls

Maakt 12

25 g / 1 oz verse gist of 40 ml / 2½ eetlepel gedroogde gist

15 ml/1 el (superfijne) basterdsuiker

300 ml/½ pt/1¼ kopjes warme melk

50 g/2 oz/¼ kopje boter of margarine

450 g/1 lb/4 kopjes sterk, gewoon (brood)meel

Een snufje zout

Meng de gist met de suiker en een beetje van de warme melk en laat 20 minuten op een warme plaats schuimen. Wrijf de boter of margarine door de bloem en het zout en maak een kuiltje in het midden. Voeg het gistmengsel en de resterende melk toe en mix tot een zacht deeg. Kneed tot het elastisch is en niet meer plakkerig. Plaats in een geoliede kom en dek af met geoliede huishoudfolie (plasticfolie). Laat ongeveer 1 uur op een warme plaats staan tot het in omvang verdubbeld is.

Vorm het deeg tot 12 platte broodjes en schik ze op een ingevette bakplaat (koekjes). Dek af met geoliede huishoudfolie en laat 15 minuten rijzen.

Bak in een voorverwarmde oven op 230°C/ 450°F/gasstand 8 gedurende 15-20 minuten tot ze goed gerezen en goudbruin zijn.

Plattelandsbrood

Maakt zes kleine broden

10 ml/2 tl gedroogde gist

15 ml/1 el heldere honing

120 ml/4 fl oz/½ kopje warm water

350 g/12 oz/3 kopjes sterk, gewoon (brood)meel

5 ml/1 tl zout

50 g/2 oz/¼ kopje boter of margarine

5 ml/1 tl karwijzaad

5 ml/1 tl gemalen koriander

5 ml/1 tl gemalen kardemom

120 ml/4 fl oz/½ kopje warme melk

60 ml/4 eetlepels sesamzaadjes

Meng de gist en honing met 45 ml/3 el van het warme water en 15 ml/1 el bloem en laat ongeveer 20 minuten op een warme plaats schuimen. Meng de resterende bloem met het zout, wrijf dan de boter of margarine erdoor en roer de karwijzaadjes, koriander en kardemom erdoor en maak een kuiltje in het midden. Meng het gistmengsel, het resterende water en voldoende melk tot een glad deeg. Kneed goed tot het stevig is en niet meer plakkerig. Doe in een geoliede kom, dek af met geoliede huishoudfolie (plasticfolie) en laat ongeveer 30 minuten op een warme plaats staan tot het in volume verdubbeld is.

Kneed het deeg opnieuw en vorm het vervolgens tot platte cakes. Leg op een ingevette bakplaat (koekjes) en bestrijk met melk. Bestrooi met sesamzaadjes. Dek af met geoliede huishoudfolie en laat 15 minuten rijzen.

Bak in een voorverwarmde oven op 200°C/400°F/gasstand 6 gedurende 30 minuten goudbruin.

Land Maanzaad Vlecht

Voor één brood van 450 g/1 lb

275 g/10 oz/2½ kopjes gewone bloem (voor alle doeleinden)

25 g/1 oz/2 eetlepels (superfijne) basterdsuiker

5 ml/1 tl zout

10 ml/2 tl easy-blend gedroogde gist

175 ml/6 fl oz/¾ kopje melk

25 g/2 el boter of margarine

1 ei

Een beetje melk of eiwit om te glazuren

30 ml/2 el maanzaad

Meng de bloem, suiker, zout en gist. Verwarm de melk met de boter of margarine, meng dit vervolgens door de bloem met het ei en kneed tot een stevig deeg. Kneed tot het elastisch is en niet meer plakkerig. Doe in een geoliede kom, dek af met geoliede huishoudfolie (plasticfolie) en laat ongeveer 1 uur op een warme plaats staan tot het in volume verdubbeld is.

Kneed opnieuw en vorm in drie worstvormen van ongeveer 20 cm/8 in lang. Bevochtig één uiteinde van elke strook en druk ze samen, vlecht de stroken vervolgens samen, bevochtig en verzegel de uiteinden. Leg ze op een ingevette bakplaat, dek af met geoliede huishoudfolie en laat ongeveer 40 minuten rijzen tot ze in volume verdubbeld zijn.

Bestrijk met melk of eiwit en bestrooi met maanzaad. Bak in een voorverwarmde oven op 190°C/375°F/gasstand 5 in ongeveer 45 minuten goudbruin.

Land Volkoren Brood

Maakt twee broden van 450 g/1 lb

20 ml/4 tl gedroogde gist

5 ml/1 tl (superfijne) basterdsuiker

600 ml/1 pt/2½ kopjes warm water

25 g/1 oz/2 el plantaardig vet (bakvet)

800 g/1¾ lb/7 kopjes volkoren (volkoren) meel

10 ml/2 tl zout

10 ml/2 tl moutextract

1 ei, losgeklopt

25 g/1 oz/¼ kop gekraakte tarwe

Meng de gist met de suiker en een beetje van het warme water en laat ongeveer 20 minuten schuimig staan. Wrijf het vet door de bloem, het zout en het moutextract en maak een kuiltje in het midden. Roer het gistmengsel en het resterende warme water erdoor en mix tot een zacht deeg. Kneed goed tot het elastisch is en niet meer plakkerig. Doe in een geoliede kom, dek af met geoliede huishoudfolie (plasticfolie) en laat ongeveer 1 uur op een warme plaats staan tot het in volume verdubbeld is.

Kneed het deeg opnieuw en vorm het in twee ingevette broodvormen (pannen) van 450 g/1 lb. Laat op een warme plaats ongeveer 40 minuten rijzen tot het deeg net boven de bovenkant van de vormpjes komt.

Bestrijk de bovenkanten van de broden royaal met ei en bestrooi met gebarsten tarwe. Bak in een voorverwarmde oven op 230°C/450°F/gasstand 8 gedurende ongeveer 30 minuten tot ze goudbruin zijn en hol klinken als je op de bodem klopt.

Curry Vlechten

Maakt twee broden van 450 g/1 lb

120 ml/4 fl oz/½ kopje warm water

30 ml/2 el gedroogde gist

225 g/8 oz/2/3 kop heldere honing

25 g/2 el boter of margarine

30 ml/2 el kerriepoeder

675 g/1½ lb/6 kopjes gewone bloem (voor alle doeleinden)

10 ml/2 tl zout

450 ml/¾ pt/2 kopjes karnemelk

1 ei

10 ml/2 tl water

45 ml/3 el geschaafde (geschaafde) amandelen

Meng het water met de gist en 5 ml/1 tl honing en laat 20 minuten staan tot het schuimig is. Smelt de boter of margarine, roer het kerriepoeder erdoor en kook op laag vuur 1 minuut. Roer de resterende honing erdoor en haal van het vuur. Doe de helft van de bloem en het zout in een kom en maak een kuiltje in het midden. Voeg het gistmengsel, het honingmengsel en de karnemelk toe en voeg geleidelijk de resterende bloem toe terwijl je mixt tot een zacht deeg. Kneed tot het glad en elastisch is. Doe in een met olie ingevette kom, dek af met geoliede huishoudfolie en laat ongeveer 1 uur op een warme plaats staan tot het in volume verdubbeld is.

Kneed nogmaals en verdeel het deeg in twee. Snijd elk stuk in drieën en rol in worstvorm van 20 cm/8. Bevochtig het ene uiteinde van elke strip en druk ze samen in twee partijen van drie om te verzegelen. Vlecht de twee sets stroken en verzegel de uiteinden. Leg op een ingevette bakplaat (koekjes), dek af met geoliede huishoudfolie (plasticfolie) en laat ongeveer 40 minuten rijzen tot het volume verdubbeld is.

Klop het ei los met het water, bestrijk de broden ermee en bestrooi met amandelen. Bak in een voorverwarmde oven op 190°C/375°F/gasstand 5 gedurende 40 minuten tot ze goudbruin zijn en hol klinken als je op de bodem klopt.

Devon Splits

Maakt 12

25 g / 1 oz verse gist of 40 ml / 2½ eetlepel gedroogde gist

5 ml/1 tl (superfijne) basterdsuiker

150 ml/¼ pt/2/3 kopje warme melk

50 g/2 oz/¼ kopje boter of margarine

450 g/1 lb/4 kopjes sterk, gewoon (brood)meel

150 ml/¼ pt/2/3 kopje warm water

Meng de gist met de suiker en een beetje warme melk en laat 20 minuten op een warme plaats schuimen. Wrijf de boter of margarine door de bloem en maak een kuiltje in het midden. Voeg het gistmengsel, de resterende melk en het water toe en mix tot een zacht deeg. Kneed tot het elastisch is en niet meer plakkerig. Plaats in een geoliede kom en dek af met geoliede huishoudfolie (plasticfolie). Laat ongeveer 1 uur op een warme plaats staan tot het in omvang verdubbeld is.

Vorm het deeg tot 12 platte broodjes en schik ze op een ingevette bakplaat (koekjes). Laat 15 minuten rijzen.

Bak in een voorverwarmde oven op 230°C/ 450°F/gasstand 8 gedurende 15-20 minuten tot ze goed gerezen en goudbruin zijn.

Fruitig tarwekiemenbrood

Voor één brood van 900 g/2 lb

225 g/8 oz/2 kopjes gewone bloem (voor alle doeleinden)

5 ml/1 tl zout

5 ml/1 tl bicarbonaat (baking soda)

5 ml/1 tl bakpoeder

175 g/6 oz/1½ kopjes tarwekiemen

100 g / 4 oz / 1 kop maïsmeel

100 g/4 oz/1 kop gerolde haver

350 g/12 oz/2 kopjes sultanarozijnen (gouden rozijnen)

1 ei, licht geklopt

250 ml/8 fl oz/1 kop yoghurt

150 ml/¼ pt/2/3 kopje zwarte stroop (melasse)

60 ml/4 eetlepels gouden (lichte maïs) siroop

30 ml/2 el olie

Meng de droge ingrediënten en de sultanarozijnen door elkaar en maak een kuiltje in het midden. Meng het ei, de yoghurt, de melassestroop, de siroop en de olie, roer de droge ingrediënten erdoor en mix tot een zacht deeg. Vorm een ingevette broodvorm (vorm) van 900 g/2 lb en bak in een voorverwarmde oven op 180°C/350°F/gasstand 4 gedurende 1 uur tot het stevig aanvoelt. Laat 10 minuten in de vorm afkoelen voordat je het op een rooster legt om af te koelen.

Fruitige melkvlechten

Maakt twee broden van 450 g/1 lb

15 g/½ oz verse gist of 20 ml/4 tl gedroogde gist

5 ml/1 tl (superfijne) basterdsuiker

450 ml/¾ pt/2 kopjes warme melk

50 g/2 oz/¼ kopje boter of margarine

675 g/1½ lb/6 kopjes gewone bloem (voor alle doeleinden)

Een snufje zout

100 g/4 oz/2/3 kopje rozijnen

25 g/1 oz/3 eetlepels krenten

25 g/1 oz/3 eetlepels gehakte gemengde (gekonfijte) schil

Melk om te glazuren

Meng de gist met de suiker en een beetje van de warme melk. Laat ongeveer 20 minuten op een warme plaats staan tot het schuimig is. Wrijf de boter of margarine door de bloem en het zout, roer de rozijnen, krenten en gemengde schil erdoor en maak een kuiltje in het midden. Meng de resterende warme melk en het gistmengsel erdoor en kneed tot een zacht maar niet plakkerig deeg. Plaats in een geoliede kom en dek af met geoliede huishoudfolie (plasticfolie). Laat ongeveer 1 uur op een warme plaats staan tot het in omvang verdubbeld is.

Kneed nog een keer licht en verdeel dan in twee. Verdeel elke helft in drieën en rol in worstvormen. Bevochtig een uiteinde van elke rol en druk er drie zachtjes tegen elkaar, vlecht het deeg, bevochtig en sluit de uiteinden. Herhaal met de andere deegvlecht. Leg op een ingevette bakplaat (koekjes), dek af met geoliede huishoudfolie (plasticfolie) en laat ongeveer 15 minuten rijzen.

Bestrijk met een beetje melk en bak vervolgens in een voorverwarmde oven op 200°C/400°F/gasstand 6 gedurende 30 minuten goudbruin en hol klinkend als er op de bodem wordt getikt.

Graanschuurbrood

Maakt twee broden van 900 g/2 lb

25 g / 1 oz verse gist of 40 ml / 2½ eetlepel gedroogde gist

5 ml/1 tl honing

450 ml/¾ pt/2 kopjes warm water

350 g/12 oz/3 kopjes graanschuurmeel

350 g/12 oz/3 kopjes volkoren (volkoren) meel

15 ml/1 el zout

15 g/1 el boter of margarine

Meng de gist met de honing en een beetje van het warme water en laat op een warme plaats ongeveer 20 minuten schuimig staan. Meng de bloem en het zout en wrijf de boter of margarine erdoor. Meng het gistmengsel en voldoende van het warme water erdoor tot een glad deeg. Kneed op een licht met bloem bestoven oppervlak tot het glad is en niet meer plakkerig. Doe in een geoliede kom, dek af met geoliede huishoudfolie (plasticfolie) en laat ongeveer 1 uur op een warme plaats staan tot het in volume verdubbeld is.

Kneed opnieuw en vorm er twee ingevette broodvormen (pannen) van 900 g/2 lb van. Dek af met geoliede huishoudfolie en laat rijzen tot het deeg de bovenkant van de vormpjes bereikt.

Bak in een voorverwarmde oven op 220 °C/ 425 °F/gasstand 7 gedurende 25 minuten tot ze goudbruin zijn en hol klinken als er op de bodem wordt getikt.

Graanschuurbroodjes

Maakt 12

15 g/½ oz verse gist of 20 ml/2½ eetlepel gedroogde gist

5 ml/1 tl (superfijne) basterdsuiker

300 ml/½ pt/1¼ kopjes warm water

450 g/1 lb/4 kopjes graanschuurmeel

5 ml/1 tl zout

5 ml/1 el moutextract

30 ml/2 el gebroken tarwe

Meng de gist met de suiker en een beetje van het warme water en laat op een warme plaats schuimig staan. Meng de bloem en het zout en meng het gistmengsel, het resterende warme water en het moutextract erdoor. Kneed op een licht met bloem bestoven oppervlak tot het glad en elastisch is. Doe in een geoliede kom, dek af met geoliede huishoudfolie (plasticfolie) en laat ongeveer 1 uur op een warme plaats staan tot het in volume verdubbeld is.

Kneed lichtjes, vorm dan rolletjes en leg ze op een ingevette bakplaat (koekjes). Bestrijk met water en bestrooi met gebarsten tarwe. Dek af met geoliede huishoudfolie en laat ongeveer 40 minuten op een warme plaats staan tot het volume verdubbeld is.

Bak in een voorverwarmde oven op 220 °C/ 425 °F/gasstand 7 gedurende 10-15 minuten tot ze hol klinken als er op de bodem wordt getikt.

Graanbrood Met Hazelnoten

Voor één brood van 900 g/2 lb

15 g/½ oz verse gist of 20 ml/4 tl gedroogde gist

5 ml/1 tl zachte bruine suiker

450 ml/¾ pt/2 kopjes warm water

450 g/1 lb/4 kopjes graanschuurmeel

175 g/6 oz/1½ kopjes sterk, gewoon (brood)meel

5 ml/1 tl zout

15 ml/1 el olijfolie

100 g / 1 kopje hazelnoten, grof gehakt

Meng de gist met de suiker en een beetje van het warme water en laat 20 minuten op een warme plaats schuimen. Meng de bloem en het zout in een kom, voeg het gistmengsel, de olie en het resterende warme water toe en kneed tot een stevig deeg. Kneed tot een gladde massa en niet meer plakkerig. Doe in een geoliede kom, dek af met geoliede huishoudfolie (plasticfolie) en laat ongeveer 1 uur op een warme plaats staan tot het in volume verdubbeld is.

Kneed nog een keer lichtjes en werk de noten erdoor, vorm dan een ingevette broodvorm van 900 g/2 lb, dek af met geoliede huishoudfolie en laat 30 minuten op een warme plaats staan tot het deeg boven de bovenkant van de vorm is gerezen.

Bak in een voorverwarmde oven op 220 °C/ 425 °F/gasstand 7 gedurende 30 minuten tot ze goudbruin zijn en hol klinken als er op de bodem wordt getikt.

Grissini

Maakt 12

25 g / 1 oz verse gist of 40 ml / 2½ eetlepel gedroogde gist

15 ml/1 el (superfijne) basterdsuiker

120 ml/4 fl oz/½ kopje warme melk

25 g/2 el boter of margarine

450 g/1 lb/4 kopjes sterk, gewoon (brood)meel

10 ml/2 tl zout

Meng de gist met 5 ml/1 tl suiker en een beetje warme melk en laat 20 minuten op een warme plaats schuimen. Smelt de boter en de resterende suiker in de resterende warme melk. Doe de bloem en het zout in een kom en maak een kuiltje in het midden. Giet het gist- en melkmengsel erbij en kneed tot een vochtig deeg. Kneed tot een gladde massa. Doe in een geoliede kom, dek af met geoliede huishoudfolie (plasticfolie) en laat ongeveer 1 uur op een warme plaats staan tot het in volume verdubbeld is.

Licht kneden, dan in 12 delen verdelen en uitrollen tot lange, dunne staafjes en goed uit elkaar op een ingevette bakplaat leggen. Dek af met geoliede huishoudfolie en laat 20 minuten rijzen op een warme plaats.

Bestrijk de broodstengels met water, bak ze vervolgens 10 minuten in een voorverwarmde oven op 220 °C/425 °F/gasstand 7, verlaag vervolgens de oventemperatuur naar 180°C/350°F/gasstand 4 en bak een nog 20 minuten tot ze knapperig zijn.

Oogst Vlecht

Voor één brood van 550 g/1¼ lb

25 g / 1 oz verse gist of 40 ml / 2½ eetlepel gedroogde gist

25 g/1 oz/2 eetlepels (superfijne) basterdsuiker

150 ml/¼ pt/2/3 kopje warme melk

50 g/2 oz/¼ kopje boter of margarine, gesmolten

1 ei, losgeklopt

450 g/1 lb/4 kopjes gewone bloem (voor alle doeleinden)

Een snufje zout

30 ml/2 el krenten

2,5 ml/½ theelepel gemalen kaneel

5 ml/1 tl geraspte citroenschil

Melk om te glazuren

Meng de gist met 2,5 ml/½ tl suiker en een beetje warme melk en laat op een warme plaats ongeveer 20 minuten schuimig staan. Meng de resterende melk met de boter of margarine en laat iets afkoelen. Meng het ei erdoor. Doe de overige ingrediënten in een kom en maak een kuiltje in het midden. Roer de melk en het gistmengsel erdoor en meng tot een zacht deeg. Kneed tot het elastisch is en niet meer plakkerig. Plaats in een geoliede kom en dek af met geoliede huishoudfolie (plasticfolie). Laat ongeveer 1 uur op een warme plaats staan tot het in omvang verdubbeld is.

Verdeel het deeg in drieën en rol het in reepjes. Bevochtig het ene uiteinde van elke strook en sluit de uiteinden aan elkaar, vlecht ze vervolgens samen en bevochtig en zet de andere uiteinden vast. Leg op een ingevette bakplaat, dek af met geoliede huishoudfolie en laat 15 minuten op een warme plaats staan.

Bestrijk met een beetje melk en bak in een voorverwarmde oven op 220 °C/425 °F/gasstand 7 gedurende 15-20 minuten tot ze goudbruin zijn en hol klinken als je op de bodem klopt.

Melk Brood

Maakt twee broden van 450 g/1 lb

15 g/½ oz verse gist of 20 ml/4 tl gedroogde gist

5 ml/1 tl (superfijne) basterdsuiker

450 ml/¾ pt/2 kopjes warme melk

50 g/2 oz/¼ kopje boter of margarine

675 g/1½ lb/6 kopjes gewone bloem (voor alle doeleinden)

Een snufje zout

Melk om te glazuren

Meng de gist met de suiker en een beetje van de warme melk. Laat ongeveer 20 minuten op een warme plaats staan tot het schuimig is. Wrijf de boter of margarine door de bloem en het zout en maak een kuiltje in het midden. Meng de resterende warme melk en het gistmengsel erdoor en kneed tot een zacht maar niet plakkerig deeg. Plaats in een geoliede kom en dek af met geoliede huishoudfolie (plasticfolie). Laat ongeveer 1 uur op een warme plaats staan tot het in omvang verdubbeld is.

Kneed nogmaals lichtjes, verdeel het mengsel vervolgens over twee ingevette broodvormen (pannen) van 450 g/1 lb, dek af met geoliede huishoudfolie en laat ongeveer 15 minuten rijzen tot het deeg net boven de bovenkant van de vormpjes komt.

Bestrijk met een beetje melk en bak vervolgens in een voorverwarmde oven op 200°C/400°F/gasstand 6 gedurende 30 minuten goudbruin en hol klinkend als er op de bodem wordt getikt.

Melk Fruitbrood

Maakt twee broden van 450 g/1 lb

15 g/½ oz verse gist of 20 ml/4 tl gedroogde gist

5 ml/1 tl (superfijne) basterdsuiker

450 ml/¾ pt/2 kopjes warme melk

50 g/2 oz/¼ kopje boter of margarine

675 g/1½ lb/6 kopjes gewone bloem (voor alle doeleinden)

Een snufje zout

100 g/4 oz/2/3 kopje rozijnen

Melk om te glazuren

Meng de gist met de suiker en een beetje van de warme melk. Laat ongeveer 20 minuten op een warme plaats staan tot het schuimig is. Wrijf de boter of margarine door de bloem en het zout, roer de rozijnen erdoor en maak een kuiltje in het midden. Meng de resterende warme melk en het gistmengsel erdoor en kneed tot een zacht maar niet plakkerig deeg. Plaats in een geoliede kom en dek af met geoliede huishoudfolie (plasticfolie). Laat ongeveer 1 uur op een warme plaats staan tot het in omvang verdubbeld is.

Kneed nogmaals lichtjes, verdeel het mengsel vervolgens over twee ingevette broodvormen (pannen) van 450 g/1 lb, dek af met geoliede huishoudfolie en laat ongeveer 15 minuten rijzen tot het deeg net boven de bovenkant van de vormpjes komt.

Bestrijk met een beetje melk en bak vervolgens in een voorverwarmde oven op 200°C/400°F/gasstand 6 gedurende 30 minuten goudbruin en hol klinkend als er op de bodem wordt getikt.

Morning Glory Brood

Maakt twee broden van 450 g/1 lb

100 g/4 oz/1 kop volkoren granen

15 ml/1 el moutextract

450 ml/¾ pt/2 kopjes warm water

25 g / 1 oz verse gist of 40 ml / 2½ eetlepel gedroogde gist

30 ml/2 el heldere honing

25 g/1 oz/2 el plantaardig vet (bakvet)

675 g/1½ lb/6 kopjes volkoren (volkoren) meel

25 g/1 oz/¼ kopje melkpoeder (magere droge melk)

5 ml/1 tl zout

Week de volkoren granen en het moutextract een nacht in het warme water.

Meng de gist met nog wat warm water en 5 ml/1 tl honing. Laat ongeveer 20 minuten op een warme plaats staan tot het schuimig is. Wrijf het vet door de bloem, melkpoeder en zout en maak een kuiltje in het midden. Roer het gistmengsel, de resterende honing en het tarwemengsel erdoor en kneed tot een deeg. Kneed goed tot een gladde massa en niet meer plakkerig. Doe in een geoliede kom, dek af met geoliede huishoudfolie (plasticfolie) en laat ongeveer 1 uur op een warme plaats staan tot het in volume verdubbeld is.

Kneed het deeg opnieuw en vorm het vervolgens in twee ingevette broodvormen (pannen) van 450 g/1 lb. Dek af met geoliede huishoudfolie en laat 40 minuten op een warme plaats staan tot het deeg net boven de bovenkant van de vormpjes komt.

Bak in een voorverwarmde oven op 200 °C/ 425 °F/gasstand 7 gedurende ongeveer 25 minuten tot ze goed gerezen zijn en hol klinken als er op de bodem wordt getikt.

Muffin Brood

Maakt twee broden van 900 g/2 lb

300 g/10 oz/2½ kopjes volkoren (volkoren) meel

300 g/10 oz/2½ kopjes gewone bloem (voor alle doeleinden)

40 ml/2½ eetlepel gedroogde gist

15 ml/1 el (superfijne) basterdsuiker

10 ml/2 tl zout

500 ml/17 fl oz/2¼ kopjes lauwe melk

2,5 ml/½ tl bicarbonaat (baking soda)

15 ml/1 el warm water

Meng de meelsoorten door elkaar. Meet 350 g/12 oz/3 kopjes van het gemengde meel in een kom en meng de gist, suiker en zout erdoor. Roer de melk erdoor en klop tot een stijf mengsel. Meng de soda en het water door elkaar en roer dit door het deeg met de rest van de bloem. Verdeel het mengsel over twee ingevette broodvormen (pannen) van 900 g/2 lb, dek af en laat ongeveer 1 uur rijzen tot het in omvang verdubbeld is.

Bak in een voorverwarmde oven op 190 °C/375 °F/gasstand 5 gedurende 1¼ uur tot ze goed gerezen en goudbruin zijn.

Brood zonder rijst

Voor één brood van 900 g/2 lb

450 g / 4 kopjes volkoren (volkoren) meel

175 g/6 oz/1½ kopjes zelfrijzend bakmeel

5 ml/1 tl zout

30 ml/2 eetlepels (superfijne) basterdsuiker

450 ml/¾ pt/2 kopjes melk

20 ml/4 tl azijn

30 ml/2 el olie

5 ml/1 tl bicarbonaat (baking soda)

Meng de bloem, het zout en de suiker door elkaar en maak een kuiltje in het midden. Klop de melk, azijn, olie en soda door elkaar, giet bij de droge ingrediënten en mix tot een glad deeg. Vorm een ingevette broodvorm (vorm) van 900 g/2 lb en bak in een voorverwarmde oven op 180°C/350°F/gasstand 4 gedurende 1 uur tot ze goudbruin zijn en hol klinken als er op de bodem wordt getikt.

Pizza deeg

Genoeg voor twee pizza's van 23 cm/9 inch

15 g/½ oz verse gist of 20 ml/4 tl gedroogde gist

Een snufje suiker

250 ml/8 fl oz/1 kopje warm water

350 g/12 oz/3 kopjes bloem voor alle doeleinden

Een snufje zout

30 ml/2 el olijfolie

Meng de gist met de suiker en een beetje van het warme water en laat 20 minuten op een warme plaats schuimen. Meng met het zout en de olijfolie door de bloem en kneed tot een gladde en niet plakkerige massa. Doe in een geoliede kom, dek af met geoliede huishoudfolie (plasticfolie) en laat 1 uur op een warme plaats staan tot het in volume verdubbeld is. Kneed opnieuw en vorm naar wens.

Havermout Cob

Voor één brood van 450 g/1 lb

25 g / 1 oz verse gist of 40 ml / 2½ eetlepel gedroogde gist

5 ml/1 tl (superfijne) basterdsuiker

150 ml/¼ pt/2/3 kopje lauwe melk

150 ml/¼ pt/2/3 kopje lauw water

400 g/14 oz/3½ kopjes sterk, gewoon (brood)meel

5 ml/1 tl zout

25 g/2 el boter of margarine

100 g/4 oz/1 kop middelgrote havermout

Meng de gist en suiker met de melk en het water en laat op een warme plaats schuimig worden. Meng de bloem en het zout, wrijf dan de boter of margarine erdoor en roer de havermout erdoor. Maak een kuiltje in het midden, giet het gistmengsel erin en kneed tot een zacht deeg. Stort op een met bloem bestoven oppervlak en kneed 10 minuten tot het glad en elastisch is. Doe in een met olie ingevette kom, dek af met geoliede huishoudfolie (plasticfolie) en laat op een warme plaats ongeveer 1 uur rijzen tot het in volume verdubbeld is.

Kneed het deeg opnieuw en vorm het vervolgens tot een broodvorm naar keuze. Leg ze op een ingevette bakplaat, bestrijk ze met een beetje water, dek af met geoliede huishoudfolie en laat ongeveer 40 minuten op een warme plaats in volume verdubbeld zijn.

Bak in een voorverwarmde oven op 230°C/ 450°F/gasstand 8 gedurende 25 minuten tot ze goed gerezen en goudbruin en hol klinken als er op de bodem wordt getikt.

Havermout Farl

Maakt 4

25 g / 1 oz verse gist of 40 ml / 2½ eetlepel gedroogde gist

5 ml/1 tl honing

300 ml/½ pt/1¼ kopjes warm water

450 g/1 lb/4 kopjes sterk, gewoon (brood)meel

50 g/2 oz/½ kopje middelgrote havermout

2,5 ml/½ tl bakpoeder

Een snufje zout

25 g/2 el boter of margarine

Meng de gist met de honing en een beetje van het warme water en laat 20 minuten op een warme plaats schuimen.

Meng de bloem, havermout, bakpoeder en zout en wrijf de boter of margarine erdoor. Roer het gistmengsel en het resterende warme water erdoor en mix tot een medium-zacht deeg. Kneed tot het elastisch is en niet meer plakkerig. Doe in een geoliede kom, dek af met geoliede huishoudfolie (plasticfolie) en laat ongeveer 1 uur op een warme plaats staan tot het in volume verdubbeld is.

Kneed nog eens licht en vorm een rondje van ongeveer 3 cm dik. Snijd ze in vieren en leg ze iets uit elkaar maar nog in de originele ronde vorm op een ingevette bakplaat. Dek af met geoliede huishoudfolie en laat ongeveer 30 minuten rijzen tot het volume verdubbeld is.

Bak in een voorverwarmde oven op 200°C/400°F/gasstand 6 gedurende 30 minuten tot ze goudbruin zijn en hol klinken als je op de bodem klopt.

Pitta brood

Maakt 6

15 g/½ oz verse gist of 20 ml/4 tl gedroogde gist

5 ml/1 tl (superfijne) basterdsuiker

300 ml/½ pt/1¼ kopjes warm water

450 g/1 lb/4 kopjes sterk, gewoon (brood)meel

5 ml/1 tl zout

Meng de gist, suiker en een beetje van het warme water en laat 20 minuten op een warme plaats schuimen. Meng het gistmengsel en het resterende warme water door de bloem en het zout en mix tot een stevig deeg. Kneed tot het glad en elastisch is. Doe in een geoliede kom, dek af met geoliede huishoudfolie (plasticfolie) en laat ongeveer 1 uur op een warme plaats staan tot het in volume verdubbeld is.

Kneed nogmaals en verdeel in zes stukken. Rol tot ovalen van ongeveer 5 mm/¼ dik en leg ze op een ingevette bakplaat (koekjes). Dek af met geoliede huishoudfolie en laat 40 minuten rijzen tot het volume verdubbeld is.

Bak in een voorverwarmde oven op 230°C/ 450°F/gasstand 8 gedurende 10 minuten tot ze licht goudbruin zijn.

Snel bruin brood

Maakt twee broden van 450 g/1 lb

15 g/½ oz verse gist of 20 ml/4 tl gedroogde gist

300 ml/½ pt/1¼ kopjes warme melk en water gemengd

15 ml/1 el zwarte stroop (melasse)

225 g / 8 oz / 2 kopjes volkoren (volkoren) meel

225 g/8 oz/2 kopjes gewone bloem (voor alle doeleinden)

10 ml/2 tl zout

25 g/2 el boter of margarine

15 ml/1 el gebroken tarwe

Meng de gist met een beetje warme melk en water en de stroop en laat op een warme plaats schuimig staan. Meng de bloem en het zout en wrijf de boter of margarine erdoor. Maak een kuiltje in het midden en giet het gistmengsel erin, tot een stevig deeg. Stort op een met bloem bestoven oppervlak en kneed 10 minuten tot het glad en elastisch is, of verwerk het in een keukenmachine. Vorm twee broden en plaats ze in ingevette en beklede broodblikken (pannen) van 450 g/1 lb. Bestrijk de toppen met water en bestrooi met de gebarsten tarwe. Dek af met geoliede huishoudfolie (plasticfolie) en laat ongeveer 1 uur op een warme plaats staan tot het in volume verdubbeld is.

Bak in een voorverwarmde oven op 240 °C/ 475 °F/gasstand 8 gedurende 40 minuten tot de broden hol klinken als er op de bodem wordt getikt.

Vochtig Rijstbrood

Voor één brood van 900 g/2 lb

75 g/3 oz/1/3 kop langkorrelige rijst

15 g/½ oz verse gist of 20 ml/4 tl gedroogde gist

Een snufje suiker

250 ml/8 fl oz/1 kopje warm water

550 g/1¼ lb/5 kopjes sterk, gewoon (brood)meel

2,5 ml/½ tl zout

Meet de rijst af in een kopje en giet het in een pan. Voeg driemaal de hoeveelheid koud water toe, breng aan de kook, dek af en laat ongeveer 20 minuten sudderen tot het water is opgenomen. Meng intussen de gist met de suiker en een beetje van het warme water en laat 20 minuten op een warme plaats schuimen.

Doe de bloem en het zout in een kom en maak een kuiltje in het midden. Meng het gistmengsel en de warme rijst erdoor en mix tot een zacht deeg. Doe in een geoliede kom, dek af met geoliede huishoudfolie (plasticfolie) en laat ongeveer 1 uur op een warme plaats staan tot het in volume verdubbeld is.

Kneed lichtjes, voeg wat meer bloem toe als het deeg te zacht is om te verwerken, en vorm het tot een ingevette broodvorm van 900 g/2 lb. Dek af met geoliede huishoudfolie en laat 30 minuten op een warme plaats staan tot het deeg boven de bovenkant van de vorm is gerezen.

Bak in een voorverwarmde oven op 230°C/ 450°F/gasstand 8 gedurende 10 minuten, verlaag vervolgens de oventemperatuur naar 200°C/400°F/gasstand 6 en bak nog 25 minuten tot ze goudbruin en hol zijn -klinkt wanneer op de basis wordt getikt.

Rijst en amandelbrood

Voor één brood van 900 g/2 lb

175 g/6 oz/¾ kopje boter of margarine, verzacht

175 g/6 oz/¾ cup (superfijne) suiker

3 eieren, licht geklopt

100 g/4 oz/1 kop sterke bloem (brood)

5 ml/1 tl bakpoeder

Een snufje zout

100 g / 4 oz / 1 kop gemalen rijst

50 g/2 oz/½ kopje gemalen amandelen

15 ml/1 el warm water

Klop de boter of mar-garine en suiker luchtig en luchtig. Klop geleidelijk de eieren erdoor en spatel dan de droge ingrediënten en het water erdoor tot een glad deeg. Vorm een ingevette broodvorm (vorm) van 900 g/2 lb en bak in een voorverwarmde oven op 180°C/350°F/gasstand 4 gedurende 1 uur tot ze goudbruin zijn en hol klinken als er op de bodem wordt getikt.

Knapperige Beschuit

Maakt 24

675 g/1½ lb/6 kopjes gewone bloem (voor alle doeleinden)

15 ml/1 el tartaarroom

10 ml/2 tl zout

400 g/14 oz/1¾ kopjes (superfijne) basterdsuiker

250 g/9 oz/royaal 1 kop boter of margarine

10 ml/2 tl bicarbonaat (baking soda)

250 ml/8 fl oz/1 kop karnemelk

1 ei

Meng de bloem, de room van wijnsteen en het zout. Roer de suiker erdoor. Wrijf de boter of margarine erdoor tot het mengsel op broodkruim lijkt en maak een kuiltje in het midden. Meng de bicarbonaat met een beetje karnemelk en meng het ei door de resterende karnemelk. Bewaar 30 ml/2 eetlepels van het eiermengsel om de beschuiten te glazuren. Meng de rest door de droge ingrediënten met het natriumbicarbonaat mengsel en kneed tot een stevig deeg. Verdeel het deeg in zes gelijke porties en vorm er worstjes van. Druk ze een beetje plat en snijd ze elk in zes stukken. Leg op een ingevette bakplaat (koekjes) en bestrijk met het achtergehouden eiermengsel. Bak in een voorverwarmde oven op 200°C/400°F/gasstand 6 gedurende 30 minuten goudbruin.

Roggebrood

Maakt twee broden van 450 g/1 lb

25 g / 1 oz verse gist of 40 ml / 2½ eetlepel gedroogde gist

15 ml/1 el zachte bruine suiker

300 ml/½ pt/1¼ kopjes warm water

450 g/1 lb/4 kopjes roggemeel

225 g/8 oz/2 kopjes sterk (brood)meel

5 ml/1 tl zout

5 ml/1 tl karwijzaad

150 ml/¼ pt/2/3 kopje warme melk

Meng de gist met de suiker en een beetje van het warme water en laat op een warme plaats schuimig staan. Meng de bloem, het zout en het karwijzaad door elkaar en maak een kuiltje in het midden. Meng het gistmengsel, de melk en het resterende water erdoor en kneed tot een stevig deeg. Stort op een met bloem bestoven oppervlak en kneed 8 minuten tot het glad en elastisch is, of verwerk het in een keukenmachine. Doe in een geoliede kom, dek af met geoliede huishoudfolie (plasticfolie) en laat ongeveer 1 uur op een warme plaats staan tot het in volume verdubbeld is. Kneed nogmaals, vorm dan twee broden en leg ze op een ingevette bakplaat (koekjes). Dek af met geoliede huishoudfolie en laat 30 minuten rijzen.

Bak in een voorverwarmde oven op 220 °C/ 425 °F/gasstand 7 gedurende 15 minuten, verlaag vervolgens de oventemperatuur tot 190 °C/375 °F/gasstand 5 gedurende nog eens 25 minuten tot de broden hol klinken als u erop tikt op de basis.